我在大自然中跋涉了三十多年，写了几十部作品，其实只是在做一件事：呼唤生态道德——在面临生态危机的世界，展现大自然和生命的壮美。因为只有生态道德才是维系人与自然血脉相连的纽带。我坚信，只有人们以生态道德修身济国，人与自然的和谐之花才会遍地开放！

——刘先平

让大自然文学走进校园，
让孩子们走进大自然……

本册主角档案

名称：黑麂

界：动物界

门：脊索动物门

亚门：脊椎动物亚门

纲：哺乳纲

目：偶蹄目

科：鹿科

属：麂属

主要分布区域：中国浙江、安徽、福建等省交界处

保护级别：属国家一级保护动物

生活环境：地势较高多岩石的密林和山坡灌丛

本故事发生的地方：安徽黄山

黑麂的爱情故事

我的山野朋友系列

刘先平 著
李珍英 摄影

让我们
奔向大自然的怀抱,领略——
山林的气息、原野的味道
迷人的探险故事
丰富的自然知识
不屈不挠的探索
生命的呼唤
心灵的感悟

外语教学与研究出版社
北京

作者在黄山考察。从20世纪70年代中期到1981年,黄山是作者的生活基地。

目录

- 100 刻在树干上的爱情宣言
- 110 为爱决斗
- 122 下吊弓
- 133 双重间谍
- 142 我最喜欢猜心思
- 149 爱的呼唤
- 154 后记

目录

58 "女贼"很漂亮

61 发现情况

66 狼嚎惊心

72 月夜狩猎

78 野兽找药

85 粪粒中的情报

89 跟踪的学问

目录

- 1 黑麂告状
- 7 发现长脚的蛇
- 19 是女王领导相思鸟迁徙？
- 26 遭遇浩浩荡荡的野猪群
- 34 猪蛇大战
- 41 重阳岭上人家
- 51 小张不像猎人

黑麂告状

黑麂状告生态失去平衡后，给它带来的灾难。

下班刚进家门，李老师迎头就说：

"一只黑麂跑到副县长家去了！"

她肯定是看到我那愣怔、茫然的神态，随即加重了语气，说：

"一只黑麂，闯到黄山S县副县长家去了！黑麂！"

黑麂是生活在安徽黄山和浙西一带的我国特产动物，珍贵稀有，属国家一级保护动物。

"去告状？跑到副县长家？"

带有调侃的诘问，得到的是确凿的回答：

"还真让你说对了！报纸在桌子上。"

我连忙拿起报纸，头版上果然有条大标题：《黑麂告状》。报道中说，前天傍晚，突然有只黑麂一头闯进了某副县长家中。家人的惊叫，引得下班在家的某副县长连忙出来察看。

原来是一只浑身带血的黑麂正在客厅里气喘吁吁、东躲西藏。副县长一边叫家人赶快关门，不要再惊动它，一边打电话给野生动物保护站。

不久，保护站的人到了。这时，黑麂已摇摇晃晃地靠在沙发边上，呼吸急促。保护站的王工程师小心翼翼地靠近，轻轻地抱住黑麂，黑麂也乖巧地躺到了他的怀里。

据王工程师初步检查，黑麂后腿、臀部有三处伤口，以臀部一处伤口最大、最深。从伤口的状况看，这只黑麂是在遭到豺狗的袭击后，无奈中采取了最本能的办法——冲向居民区，以求得人类的保护。

动物学家说，动物原本和人类就是朋友。在危急时刻，弱小动物的这种记忆在遗传密码中常被激活，从而使它们投向人类寻求友谊的庇护。

黑麂是珍贵的国家一级保护动物，生活在海拔600米~1200米的常绿阔叶林带和落叶常绿阔叶林带，喜爱那里郁闭良好、地面潮湿、耐阴植物较多的环境以及丰富的食物资源。

这只黑麂为何在这个季节突然到了低山区，又遭到豺狗的围攻呢？

据王工程师说，原因可能是原栖息地的森林遭到破坏，迫使黑麂向低海拔地区觅食；再就是加强野生动物保护、禁猎后，食草动物的种群逐渐得到恢复；对食肉动物来说，食物丰富了，这几年豺狗的数量一直呈增长的趋势，使黑麂、梅花鹿等食草动物的天敌增加，生态失去了平衡。

耐人寻味的是，这位副县长正好是分管林业和野生动物保护的。

群众在评论这件事情时，有的说是"黑麂上访"，有的说是"黑麂状告生态失去平衡给它带来的灾难"。

据悉，这位副县长已指示保护站尽快调查有关生态情况，并将于近期召开会议，研究对策。

受伤的黑麂经过治疗后，已于昨晚被送到野生动物救护

在人类博大的胸怀中，受伤的黑麂得到了精心的治疗。只几天的时间，它又出行、跃动，盼望着早日回归山野。

　　灿烂的秋阳，显现出了山野精灵——一只小黑麂。它今年才出生，面对这个美丽而又充满危险的世界，妈妈教它的第一课是：安全第一，保护好自己，才有生存的权利。它从隐蔽地观察着世界，直到把一切都侦察清了，才决定自己的行止。

　　美丽的黑麂是我国特产动物，属国家一级保护动物。在地球上，只生活在安徽、浙江、江西相交的一片狭小区域。世界著名的黄山风景区，是它生活的核心区。

中心，享受特护。

王工程师说，黑麂所受的只是皮肉之伤，目前尚无生命之忧，估计一两个星期就可康复。

李老师知道我曾参加过对黑麂的考察，对它有着特殊的感情。去年5月，我们还一道去过S县，准备去与江西交界的南山探访古杉木群落和黑麂。

县保护站的工作人员说：

"那边封山后，这两年五步龙、金环蛇、眼镜蛇又多了起来，你的《蛇趣》写的就是那边的事，你还不知道那些家伙的凶险？这个草木葱茏的季节，路都没有，谁敢进去？"

我还不死心，准备和李老师单独去。李老师虽然有时胆小，但这么多年随我在山野中跋涉，只要是我定下的事，到最后她总是说"嫁鸡随鸡嘛"，绝对与我同行。但最后他们还是想尽了办法让我们没有去成。

这只闯入副县长家中的勇敢、机智的黑麂以及报道此事的那位记者的文思，成了我俩一晚的话题。我们同时决定，尽快赶到S县去参加考察。这主要是因为它让我想起了20多年前我和黑麂的一段缘分。

2006年6月，我们重返黑麂的故乡——黄山西南休宁县与浙赣相交的保护区。

发现长脚的蛇

有窸窣声响起，在前方七八米处，掀起了草波……

那年秋天，考察队进入黄山西侧，想揭开山民们传说的"天马"之谜，同时想了解梅花鹿、相思鸟等的秋季生态。我只是名编外队员，受职业编辑工作的制约，经常不能和他们一道出发。

这次，我也是两天后才乘长途汽车，又走了几十里山路，在夜幕垂临时，赶到了考察队的营地。谁知却被当头泼了一盆冷水——营地里空空如也。那时条件差，所谓营地也就是借用山村群众家的两间闲房。

房东提着灯领我进去，说是桌子上有队长留给我的信。

信很简短，说是来后情况有了变化，时间又紧，无法等我，他们已分头去进行各自的考察任务了，约定七天后来这里会合。因为人手太少，队长希望我去重阳岭找猎

它形如莲花，经大自然雕琢后放之于黄山，名为莲花峰。

人小张，了解黑麂在这一带的分布、生态。如能捕到一只活的，那就立了一大功；如果困难太多，则可以选择一个组，去追上他们。信上还详细地列出了考察相思鸟、鬣羚、梅花鹿等各组的路线、日程。

在野外进行动物考察，是有季节性的。野生动物的生活节律也是严格按照大自然的轨迹运行的。

虽然我也常在山野中独来独往,但失却了考察队营地的熙熙攘攘的气氛、朋友们的欢声笑语,心里还是翻涌着失落的酸味。

我的决定是迅速的,看信时已作出了去考察黑麂的决定。其实,队长也知道我肯定会去重阳岭。

几年来的相处,他们对我的脾性摸得很准,又略施了激将法的小技。考察队出发时,一般只带一两支猎枪,这次却特意给我留了一支,还有十颗霰弹,这就是最好的证据。

房东告诉我,重阳岭离吊桥庵不远,从这里走有40多里的山路。他问我去过没有,我摇了摇头。

他把我上下打量了一番,然后说,这一带是深山,沿途没有村寨,路很难认,还要翻三个山头;虽说多年没看到老虎,但豹子、红狼、野猪、毒蛇还是不少的。意思很明白,我不能只身去。

其实,他所说的种种困难和危险,无疑是给我作了最好的动员。

我酷爱冒险,喜欢难题目。试想,如果不是情况有了变化,我想只身去重阳岭,队长也不会同意。

山道在山陵中,陡峭、崎岖,但一步一重天。千万别赶路,否则就辜负了大自然的美意。

我决定不和房东争论,只是非常详细地询问了去重阳岭的路,画了一张草图,然后多给了他一斤粮票,请他明早为我准备一点儿干粮。

上个世纪70年代,我国自然保护事业尚属起步阶段,对野生生物资源、生存状态、濒危情况的考察也才展开,更谈不上给黑麂确定保护级别了。但黑麂的珍贵、稀有,考察队的每个人都是很清楚的。

黑麂又名乌金麂。它属鹿科动物,是麂类中体形较大的,全身毛色近于黑色,闪着乌金般的光泽;臀高大于肩高,体形非常漂亮,具有极高的审美价值。全世界只有中国才有,而它们又只生活在安徽的黄山和浙江的西部地区。

关于黑麂种属的定名,还是外国人于1885年在中国采到标本后作出的。别说我国动物园从来没展出过黑麂的活体,就是中国的动物学家,也尚无一人采到标本。

队长王教授对此一直耿耿于怀,认为这是奇耻大辱。

上次,小邢他们曾发现过疑似黑麂的动物,可惜因为林子太密,草太深,没能看清,更没采到标本,弄得小邢懊恼不已,考察队的队员们更是扼腕叹息。

天刚亮，我就出发了。四五户的小山村，静悄悄地藏在树林中。

这个季节，山民们总是天不亮就上山讨生活了。淡淡的晨雾中鸟鸣声也显得飘逸。

出了村子，我就开始爬山。山很陡，比昨天的来路要险得多；我又背了支猎枪，虽然挺神气的，但它老是跟窄路旁的石崖磕磕碰碰的。

山民们说的路程，往往比实际距离要短。我估计今天最少要走60里的山路，再加上要寻路，如能在傍晚到达重阳岭就算幸事了。可我还是一再告诫自己放慢脚步，若是走垮，可找不到人来帮助。

直到两腿走热了，我才甩开大步。

我到达山顶时，一轮红日正从东天山峦中升起。深秋的黄山，犹如盛夏的彩霞，红叶、金树、碧水、黄花，在旭日中格外妖艳。对此美景，我也不敢流连，只得匆匆下山。

前面已没有路了，只有靠着印在脑子里的那张草图凭着感觉走。山外人怕走山路，路是因为人走多了才踩成的。山区大，多险阻，人又少，当然路也就稀少。

浑厚、凝重的花岗岩形成的山峰,自有一种韵味、底蕴。那顶上的象形石是否激发了你的想象力?

他们说的路,往往是个大方向,真正走起来,是要凭着经验和勇气去开拓的。其实在山里寻路,也还是有规律可循的。你得记住标志物,如是沿溪走,或沿山谷、山脊走,拐弯岔路的标志物千万得记清楚。若走错了一个岔口,那真是失之毫厘、谬以千里了。

是的,现在我就到了岔路口,往左是去重阳岭的,往右是去石门岙的,但两处却一在东、一在西。我只得细心地寻找、观察。

终于,我在左侧的山崖上,找到一个形似猪头的突出的

在黄山由温泉至半山寺的路上，我见到一棵枫树与一大石已相接无间——前两年来时，它们之间的距离还可插进手指；后三年再去看，枫树毫无相让之意，依然伟岸直立，只是树干的形态发生了变化；又隔了近十年，再去拜望，树石的抗衡已成了这样！它对生命的顽强不屈作了最好的注解……我盼望着十年后再去看望它！

大崖,这是房东说过的。尽管那边枯黄的草很深,一丝路影也看不到,我还是毫不犹豫地踏了进去。我相信路在脚下。

进入草丛才走几步路,蚱蜢、还有红的绿的灰的小虫全都惊乍乍地飞起,成熟的草种也砰地炸开,向四处溅落。

然后,有窸窣声响起,在前方七八米处,掀起了草波。

是只小兽?不,草波在游动。是条蛇?是可怕的五步龙、金环蛇、眼镜蛇?五步龙的1克蛇毒干粉,可致上万只鸽子丧命。从草向两边披斜的幅度来判断,这条蛇可不小啊。

我停步,再次审视周围:草坡在山坡的一块稍凹处,四周全是乱石、稀疏的小灌木丛;没有大的林子,也没看出有水溪从这里流过。

脑子里有团火花一闪,我抬脚就去追;虽然看不见那蛇,可是草波却明确指示了方向。

我没有取下猎枪装填子弹,只是一边顺手从包里抽出了自制的猎刀,一边察看了地形。

没跑一小段路,我已抄到下方,将它往草丛外赶。这片深草大约有两亩多大,确是山坡上的一块凹地。

几个回合拦截围堵,终于将它撵出了隐身的草丛。看清

银环蛇用银环作饰,黑白分明,很美,以其掩饰冷面杀手的真面目。

了！我按住狂跳不止的胸口——大约有四五十厘米长的淡黄汪蓝的腹部下，果然有着急速迈动的四条短腿——是条长腿的蛇！

我像山民一样大声吆喝着、跳着、蹦着追了过去。

终于迎头将它拦住。它几次突围都未成功。

我也手足无措，背在肩上的枪特别碍事，我只得用猎刀威胁它，不准它逃出我的控制范围。因为我要抓活的，这将是珍贵的标本，打坏了太可惜。

它时时张开大嘴向我袭来，我却专门去抓它的尾巴。不知是因为激动，或是本能地躲闪它的攻击，费了很大的周折，我才抓住它的尾巴，把它提了起来。

这时它还收紧肌肉，将头强扭上来寻找仇敌。我也只好用顽童捉蛇的办法，提着尾巴抖动。只抖了四五下，它就非常老实、异常丧气地垂挂了下来。

宝贝是抓到了，可我总不能就这样提着它赶路呀。谁知前面还会不会遇到黑熊、豹子、红狼？

想起儿时的顽皮，我抽出一只手从包里取出一条长裤，先将它装进去裹好，再设法将裤脚两头扎起，然后放在包的上层。既不会闷死它,又不至于让它逃掉。

它在里面非常气愤地扭转着身子,用脚抓扯着。我很担心它把那条裤子抓破。

等一切都收拾停当,我坐下美美地抽起了烟,心里泛起一阵阵喜悦。当然,这不是一条长腿的蛇,而是一条罕见的大草蜥!

考察队的程教授是研究两栖爬虫的,他曾对我说过,黄山一带很可能有草蜥的分布。山民们也说曾见过长腿的蛇,吓得见到的人不敢动。

他们将长腿的蛇奉为神明,因为只有龙才长腿,所以他们认为它是龙的子孙。他们并不知道,远古时作为图腾的龙,并不一定长了腿,那长长的尾巴也是到了汉代才逐渐长长的。

程教授说他多年来一直注意此物,可从来没有发现它。没想到真是踏破铁鞋无觅处,得来全不费工夫;而且是让我这个编外考察队员碰上了。

后来,程教授得到这条草蜥时,对我又是打躬又是作揖,感激的话直说得我面红耳赤。

深峡、幽谷中藏满了黄山的灵秀。在其中穿越时，你常常能忘乎所以，如在世外桃源中漫游。

他想想又问：

"你不怕剧毒五步龙、金环蛇，就往那里闯？"

我笑了，说：

"这得感谢你的教导有方，那样的生境怎么可能有五步龙、眼镜蛇呢？"

他又问：

"你怎么想到那可能是草蜥？"

我笑得更欢了，说：

"瞎蒙的！还是你教的呀，既叫草蜥，总是在有草的地方吧。常见的石龙子这些蜥蜴，不都是在草丛中吗？既然不可能是五步龙那些毒蛇，追追又何妨？"

伙伴们都打趣道：

"孺子可教，孺子可教！"

是女王领导相思鸟迁徙？

相思鸟在天空飞，就如缤纷的花；站在枝头，犹如秀美的果。

一支烟刚抽完，我就赶快上路。在这样的深山里，我可不愿意走黑路去寻找陌生的村寨；同时我也决定，不再为不值得的猎物浪费时间。

一路还算顺当，只是到了老龙潭时，却找不到房东说的可以踩着过河的石墩。对面标志物——形如凤凰展翅的黄山松，倒是非常优美地在山崖上展翅。没法子，只好脱鞋涉水了。

水碧清的，溪底的石头都看得清清楚楚，水流也不急。但我还是将猎枪和背包都放下，以免出意外。

前几脚还没事。正在庆幸时，似是一脚踏空，水一下淹到胸口。潭里的水在盛夏也是凛冽的，更何况是深秋，我像是一下掉到冰窖里，冷得气都透不过来。

黄山迎客松是黄山的名片。千百年来,它兀立在玉屏峰,张开巨大的绿色手臂,迎接着每一位登山客——有朋自远方来,不亦乐乎!

这里的水光也具欺骗性，看似不深，却是因为水很清澈，透视性好。

中间更深，只好游水。来回两趟，终于找到稍浅的地方，我这才将猎枪、背包顶到头上，分两次渡了过去。

上岸后我已冻得上牙敲下牙了，赶快换下湿透的衣服。突然，听到几声非常熟悉的三声一度的"笛——笛——笛"声——这是红嘴相思鸟雌鸟的典型叫声。我立即精神一振，全身燥热起来。

正在张望之间，只听呼呼声骤起。一群闪着彩霞光芒的小鸟从山谷溪流的上方飞来了，总有二三十只，全都落到水溪的下方。刚刚雌鸟发出鸣叫的地方，距我大约有20来米。

红嘴相思鸟嘴如红豆，胸红、翅橙，背上呈橄榄绿，娇小玲珑。在天空飞，就如缤纷的花；站在枝头，犹如秀美的果。但它是迁徙鸟，春天从南方来黄山，秋天再结群回去。

我知道这个季节要在这丛莽中找到它们太难了，但它们也是我们这次的考察对象，这样的机会还能放过？

看看手表已是下午1点多了，我干脆坐下，就着潭水，吃起干粮；同时观察起红嘴相思鸟来。

红嘴相思鸟，它站在枝头，是一首诗；它在天空飞翔，是耀眼的彩霞。

它们春天集群来黄山后，就各奔东西——择偶，忙于爱情生活。这时，雄鸟的叫声特别婉转嘹亮，雌鸟不时响以三声一度的和声。

现在又结群，但群体又不太大，说明它们开始了迁徙前的准备工作——漂泊，不断壮大群体。这个群体和春天来时的结构有何变化？除了今年新生的，是在召回旧部，还是重新组合？它们沿着什么路线集结队伍？这些问题都困扰着考察队的鸟类学家。

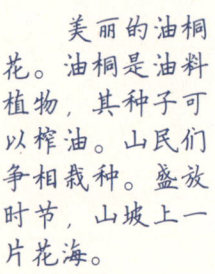

美丽的油桐花。油桐是油料植物，其种子可以榨油。山民们争相栽种。盛放时节，山坡上一片花海。

水纹将水色幻化成多种色彩,描绘出异彩纷呈的景象。

迁徙鸟在长途跋涉中大多沿着海岸线、江河入海口转向内陆，难道集群时也是沿着沟溪进行的？就像我们在高山找不到下山的路，也总是寻找溪流往山下走？这倒挺有意思的。

从灌木丛中传出的声音，说明它们忙于寻找食物，边前进边觅食，既不飞起，也不大声嚷嚷。只是每隔一段时间，就有三声一度的"笛——笛——笛"声响起。是在相互联络吗？

体形小的鸟，在迁徙途中，消耗的能量尤其多，因而需要及时补充能量，觅食的次数显然增加。

在我所观察的近20分钟内，根本没有听到雄鸟的叫声，难道是经验丰富的成年雌鸟——女王在领导迁徙？

所谓干粮，就是玉米饼。现在是营养食品，但那时属粗粮，三天吃下来，满嘴都是火泡。我还未吃完一块，只听呼呼声又起，它们向溪流下方飞走了，留下一连串的问号在这山谷中。

冲动使我提脚就想追踪，但我知道自己的任务是捕捉黑麂，只好恋恋不舍地又开始爬山。

后来的路程中，我最少又观察到四群红嘴相思鸟的活动。这些观察资料我在和考察队会合时都交给了鸟类学家李教授，印证了他们的观察结果。尤其是女王领导迁徙，引起

黄杜鹃，花儿很美，引得山羊们去吃。

了大家的兴趣，并被以后的考察所证实。

从老龙潭到山顶的这条路，大约已有两年没人走了，挤满了拔葜、金刚刺、杜鹃等小灌木和藤蔓，我行走得艰难，时时得用猎刀开路。

还未爬到一半，我已热汗涔涔，但又不敢脱衣服，茅草叶子像刀片一样锋利，我的手背已被割了几个口子。最讨厌的是金刚刺，藤藤条条，扯胳膊绊腿的。

这样的生境，是毒蛇和野猪出没的地方。我警惕的弦也绷得紧紧的。

遭遇浩浩荡荡的野猪群

山野常常是个魔术箱，它能演出无穷的惊心动魄的戏剧！

非洲野猪——一副绅士派头

说到鬼，鬼就来了。

只听右前方一阵响动，就见那边一大片的杂草树丛乱动，忽隐忽现中，野兽那黑褐色的脊背上的鬃毛逐渐显露出来。

原来是一野猪群，浩浩荡荡，总共有七八只，显然是一只老母猪率领着的家庭。但它的子女们都已长大了，有的已长出了獠牙，那是小公猪。

幸而没有发现成年的极具攻击性的公猪。但谁知道有没有呢？我已本能地将猎枪顺到手上。

我迅速地试了一下风向，还好，它们在上风，还未嗅到我的气息；再察看一下地形，这个山坡上没有大岩。我只好往下风处稍作转移，然后猫下身子，装填好子弹，就严密地监视着它们的活动。

当然，对这样的野猪群不到万不得已是不能开枪的，别说只有十颗型号不同的霰弹，即使是三四个猎手，没有组织好也不敢贸然向它们发起攻击。

奇怪，野猪一般是夜行动物，为什么大白天竟如此张狂地结群出现？

再仔细观察，发现母猪的肚子很大，很可能是又怀上了。是因为需要大量的营养供给腹中的胎儿，迫使它大白天也出来觅食，还是另有原因呢？我反复告诫自己要特别谨慎。

野猪突然改变路线，向我这边来了。

它们的举动，使我注意起身边。天哪，灌木丛里长满了野果，正是它们喜爱的食物。

我愣子都没打，又像猫一样往左上方转移。没走多远，那群野猪却已走到我刚才隐蔽的地方。

我以为它们要去大食一顿野果，谁知猪群骤然骚乱。

我从隐蔽地努力探头张望，正要看清楚时，只见小猪们

非洲丛林中的野猪群。这些粗鲁的家伙，在围猎时哪有一丝一毫的绅士派头？这是2001年8月我们在南非拍到的。

花椒的果实红得艳,散发出蜂蜜般的香甜,真让人淌口水。

发疯般地直往山谷乱窜。

猛然，一声猪嚎犹如晴空霹雷般炸响，惊得我如触电一样爬起。

哪里又冒出了一只野猪？它没有獠牙，是只母猪。

不对呀，怎么是这样一头病歪歪、懒洋洋、浑身无力的家伙？

你看，它瘦骨伶仃的样子，刚才的那一声是它叫出的？

它现在站在那里，低着头，伸着长嘴，目光射定地面。

奇怪，它发现了什么？难道刚才是它把那群猪赶走的？它为什么要赶走它们？它凭什么能赶走它们？一副得了猪瘟的样子。

这一连串的问号搅得我既紧张，心底又隐隐地泛起喜悦。

愈多的疑问后面，往往隐藏着巨大的惊奇。真是难得的机缘！

山野常常是个魔术箱，它能演出无穷的惊心动魄的戏剧！

我很兴奋，生命的活力都被激发出来了。但我仍然告诫自己要百倍警惕。

我不顾一切地匍匐向前，移动到我选择好的更接近野猪

它的威武，来自于头上的角。山民们称它为独角大仙。

的隐蔽地。

地上潮湿的腐叶发出刺鼻的霉味，肘部翻开的泥土中，不时有多脚虫、黑甲壳虫惊慌失措地爬动。

它们提醒我这样的生境是五步龙出没的地方。但那头野猪的神态所散发的诱惑力，已使我顾不得这些，只是更加小心。

最讨厌的还是稠密的灌木丛，那带刺的藤蔓，不时扯住你的头发，挡在前面，让你寸步难行。

按理，我现在可以直起身子，不怕野猪发现。对付这样一头瘟猪，我相信还是可以的。

但情况已经发生了变化，我的恐惧换位了，现在是生怕我的出现会吓跑了它，失去了看好戏的机会。

突然，有股莫名的臭腥味刺得我全身一震。我连忙停下，迅速地运用起了一切嗅气味的技巧。

一点儿不错，是五步龙特有的那种难以言明的臭味。我熟悉这种气味。这表明它就潜伏在附近。

搜寻一周后，我终于发现一丛威灵仙花的根旁有情况。是的，确实是它，那身灰不溜秋的保护色，使它与一堆腐土混淆。

古老、珍贵的红花木莲,此立在黄山的山道上。

它并不大,只比拇指稍粗一些。然而它若发起攻击,第一口的排毒量仍足以使我即使不丢命,就是救护得及时也得脱一层皮。

它的名字的由来,传说是人被咬后,五步之内必倒。山民们提到它,犹如谈虎变色。

他们曾告诉我,在山野被它咬后,如没有急救药,最简单的办法是,咬到了脚,或是咬到了手,即抽出柴刀将脚或手剁掉,即所谓丢脚丢手保性命。真是令人毛骨悚然!

五步龙,学名尖吻腹蛇。它是天生的狙击手,总是从隐蔽地猝然向猎物发起致命的一击。

还传说此蛇有吐丝拦路的习性。那丝如蜘蛛吐出，拦在路上，谁碰上了，潜伏在一旁的它立即出击。

我问过研究两栖爬虫的程教授。他说没见到过它吐的丝，但它确实是"你不犯我，我不犯你"，只要不误惹了它，它不会主动攻击。

现在，我别无选择，只有相信程教授的话了。虽然一枪绝对可以将它打烂，但肯定要吓走野猪，这是我最不愿看到的事。更何况是我侵犯了它的领地，看样子，它自恃有保护色，尚没作出反应。

我换了颗小号铁砂的霰弹，密切地注视着它；一边悄悄地移动，一边用眼角扫一下野猪。

终于离开了它的领地，我神情一松，才感到眼睛被汗水"腌"得刺痛，内衣也已湿透。

又一声野猪的哼叫，让我顾不得去擦满脸的汗水，猫起腰来，往前跑去。

这边的灌木丛较高，有很好的隐蔽性。

猪蛇大战

野猪发疯般地一声接一声吼起，
一蹄一蹄连续不断地跺敲地面……

不能再靠近了，虽然还不能看清野猪为何那样盯视着地面，但我离它也只不过十多步。潜伏下来后，我迅速换上大号铁砂霰弹，就努力去察看那里的情形。

我依然只看到野猪那全神贯注的样子，顺着它的眼神，前面有可恶的树丛遮住，什么也看不到。

野猪又一声哼叫，还响起了一记跺蹄子的声音。那地面上有什么迅速动了一下，一点儿不错，确是有东西作出了反应。

是什么呢？小兽？还没听说野猪抓兔子或是竹鼠。

是碰到仇敌斑狗？不可能，斑狗是营群性的，一来最少有三四只,更何况它的个体大,应该能看到;再说,应是斑狗发起攻击,而不是野猪发现猎物穷追不舍。

我再悄悄转移一下,视野好多了。

野猪又哼叫一声。别看它病态十足,这时背上鬃毛齐刷刷如针竖起,同时它提起右腿往下一跺——咚的一声。

只见地面上忽地挺出一"剑",又闪电般地收回,但却弥漫着一些雾状物……

天哪,是条五步龙!

尽管只有一瞬,但我已从它的保护色、鳞片上菱形的图案,准确无误地认出了那确实是五步龙!

黄山北海奇石——猴子望太平。当云海涌起时,或曰——猴子望海。

这是怎么一回事？野猪是偶蹄类的哺乳动物，五步龙是爬行类的，这两种差异如此之大的家伙，为何成了这种局面？

我自信在山野的时间不短，却从来没听说过猪和蛇是仇敌。程教授也从来未说过这样的事。

那么，究竟谁是猎物？

蛇猎野猪？岂不是有"人心不足蛇吞象"之说！

能与蛇作战的，在生物界，擅长于此道的是獴。

獴，它不仅利用灵巧的动作，在与蛇的周旋中能一口咬住蛇头，百战百胜，而且能猎取牛蜂。牛蜂的毒刺杀伤力强大，山民们常说，九只牛蜂能叮死一条大牯牛！

纵使是猛禽、鹰隼之类，它们发动空对地攻击时，勇猛无比，在同蛇作战时都常有两败俱伤、同归于尽的悲壮场面出现。我就曾亲眼见过一群红嘴蓝鹊与一条大蛇作战，最终同归于尽的场景。

山民们还说过，有种蚂蚁，在冬季食物匮乏时，就专门寻找在洞中冬眠的蛇，倾巢而至，以蛇窟作为过冬的安乐窝。它们钻入蛇的鳞甲，能将一条大蛇吃得只剩一副白骨；而它们却用高蛋白的蛇肉壮大了群体。

这棵绿叶白花的草，散发出一股鱼腥味，大名就叫鱼腥草。四川、云南的老乡特别爱吃它的根，常作凉拌菜，称之为"嘎尔根"。据说可清热、解毒。

生物界就是凭着这样残酷的争斗，才维持了多样性和繁荣！

还是等待大自然的演出吧！剧情的起伏跌宕，是最伟大的戏剧家也无法描绘的！

野猪紧紧地盯着五步龙，但却保持着有安全系数的距离。

五步龙盘成一坨，勇猛地伸直上身，高昂起头，保持随时出击的姿势。

现在我看清了，这是少见的一条又粗又大的五步龙，总共有三四斤重。

当然，这种僵持的局面是短暂的。野猪将头往前稍伸，又是凶猛地吼了一声。我们平时常说的"猪哼"，带有很不恭敬的含义，但就是这样一只骨瘦如柴的病猪的哼叫也颇具震慑力。

确实，在作战时的哼叫无疑是战斗的号角，再配合用蹄一跺，更显出威力。

在五步龙疾如电火骤然一击时，野猪像位善于躲闪的拳击手，只将头一偏，五步龙进攻落空。

是的，一点儿不错，有雾状物出现。这大约就是山民们说的五步龙喷出的毒液。

黄山蕴藏着多处古香榧树群落，尤以太平樵山的香榧品质最好。它的香榧果曾是奉献给皇帝的贡品。香榧树是古老的孑遗植物。每年春末夏初开花、坐果，但要到第二年的秋天才能成熟。

它的花犹如一颗颗珍珠，花穗形如孩童的帽子。其名就叫珍珠菜。山民们采集后将其制成干菜，味幽香，富有营养，称为山珍。

蛇牙是空心的，如注射器一般。它在利用这武器时，瞬间完成收缩肌肉、将毒液射出的一连串动作。

既然吼叫，何必跺蹄？我想起了，程教授似乎说过五步龙的视觉差，是近视眼，那么，五步龙对声音该是特别敏感了。谁说它是笨猪？

这个情节刚演出完，野猪发疯般地一声接一声吼起，一蹄一蹄连续不断地跺敲地面，犹如鼓角齐鸣。

在这紧锣密鼓、声势浩大的攻击中，五步龙忙于东一口、西一口，穷于应付。

怪事，野猪就是不前不后这样虚张声势，根本没有一口吞下它的意思。

这玩的是哪出把戏？用的是什么战略战术？

不多一会儿，也就是那么几分钟吧，突然有火星在我脑子里闪了一下。我想，五步龙要逃了。

果然，它开始松动蛇盘。说时迟那时快，它一低头，扭颈，如箭一般地侧向射出。

野猪等到这时还能放过它？提蹄就追。

在速度上，无足的蛇绝不是长了四条腿的野猪的对手；

再说野猪体大力不亏，只那么四五步，五步蛇就已被一改病态、精神焕发的野猪追上。

野猪毫不犹豫，异常熟练与准确，伸出右蹄，一下就踩住了五步龙的颈部。

不知是被踩的还是出于本能，五步龙张大嘴，露出两颗可怕的毒牙，但已扭不过头来咬了；然而却一甩后身，就来缠绕野猪的腿。

可是，为时已晚。就在它的身子还在空中时，野猪已张开血盆大口，只听脆脆的一声，蛇身已断。

野猪就那样肆无忌惮、穷凶极恶地大口嚼起，嚼得地动山摇、津津有味，脸上洋溢着享受美味的欢愉。

野猪等到把嘴里的吃完，再咬下一段。直到最后，它才松开蹄子，将五步龙的头和颈子又一口嚼起。末了，还将地上的蛇血舔得干干净净。

等山野重归寂静，野猪才一步三回头、慢吞吞地离去。是留恋这顿美味，还是陶醉于胜利的喜悦？从那步态看，它的神情已与我刚见到时的截然不同，难道它那副病歪歪的样子，是为了迷惑敌人？

尽管还有着众多的谜团，但我差不多已明白了野猪的战略战术。

它先是逗引五步龙，使它疲惫，激得它一次次喷出毒液。因为蛇的毒液储存是有限的，它的毒液的制造也是需要时间的。

一点儿不错，我就是在看到五步龙射出的毒液形成的雾愈来愈小、愈来愈少、直至几乎看不见时，才判定它要逃之夭夭的。

这等于是野猪首先解除了它致命的武装之后，才以迅雷不及掩耳之势展开了稳操胜券的攻击！否则，素以暴烈著称的野猪，哪有那样的耐心？

每一个生物在生存竞争中，都是高明的战略家！

不要忘了，蛇在捕猎时也是一位高明的战略家！

野猪在灌木丛中消失了，但它却留下了一团迷雾。

我瘫倒在地，放下枪，擦着头上的汗水，真悬！

重阳岭上人家

> 天、地、日、月、山川、河流都有性情,人要摸准它们的脾性,才能相处得好。

山谷中的村寨。一条碧溪从每家门口流过。

山谷里的傍晚来得早,山头上的傍晚来得迟。前面岭子上终于出现了一个小村寨。

红色的、金色的树叶一片灿烂,树上的小果密如繁星,袅袅的炊烟在晚霞中浮动,好一片乌桕树林!

植物也有感知,山下的乌桕才刚刚变色,可山上的对大自然的变化,已作出敏感的回应,它们就是这样融洽和谐地相处。

进了寨子,我很快就找到了猎人小张的家。

迎接我的是他的父亲,一位中等身材、满面红光、憨憨

白色的乌桕树种子,含脂肪,可榨油。过去,山民们常用铁钎将它串起,点灯照明。

厚厚的长者。他说小张被后山人请去杀猪了，要到夜里才能回来。

这次真不顺，到哪里都扑空。黑麂啊，你千万别让我扑空!

我问张大伯"重阳岭"这个地名的由来，他手向门外一指说：

"被这些树围着呀！"

"不都是乌桕树吗？"

"我们这里就把它叫重阳木呀！别看树长得歪歪扭扭，它自有一股沧桑劲。春天刚出的叶子，带着嫩黄，后才碧绿；秋风一起，它先应着金黄，变红，红得像烧火。重阳又为重九，九月初九是节令，日月异应。重阳为九霄，应着山高。九为阳数，神圣、吉祥。这些果子能榨油，过去还用钎子串起点灯照明。"

张大伯的话让我思绪翻涌，大自然、山民总是给我以特殊的教诲。

说了一段话，又喝了两杯浓茶，我浑身的疲乏已被驱散。

张大伯坐到小小的木制车床前开始劳作，两脚慢快有致地踏着，那轴就有节奏地转动起来。他一手拿刀，一手抚着

徽式建筑的艺术杰作——徽民居的门楼。

徽式村落，犹如迷宫，只有沿着石板小巷，才能穿梭在其中而不失方向。它就好似人体的筋络，维系村落团结和谐的生活。它的另一层作用，也是安全体系。它留有厚重的历史沧桑感。

车件，只一小会儿，一根筷子就车好了，然后再接着制下一根。看似不紧不慢，速度却很快。

一问才知，这就是闻名遐迩的楠木筷。

楠木筷有黑色和绛红两种。楠木，即此地出产的石楠木。唐代大诗人李白在这一带漫游时留下的几十首诗中，曾有"千千石楠树，万万女贞林"的诗句。当年这里的生态比现在要优美得多。

石楠木木质细腻，是雕刻的上等材料。石楠木雕刻出的烟斗，更是举世闻名。但其色却只是淡淡的绯红。

张大伯说，黑的是用乌饭树染的，红的也是用一种树叶的汁液染的。他每年要出去两趟卖筷子，上半年去南方，下半年去北方。见我很有兴趣，他放下手中活计，领我到厢房看。

张大妈正在将制作好的筷子每十双一扎包好。那包装上印着在当时说来应算是精美的商标"重阳牌楠木筷"，成品已堆满了半间屋。

我突然想起，这里是徽商的发源地。早年的徽商大多凭借着很少的山货、花、香菇或一门手艺，然后就下扬州、杭州、苏州去讨生活，直到挣起一份大的家业，才回来置田、

徽文化中的三雕（石雕、木雕、砖雕）在美术史上有着重要的地位。徽州民居墙上的石雕精美绝伦。

徽文化和徽商血肉相连。古民居中的门也是"商"字形的。

盖房、办教育,自己却永久留在他乡作客。可以说,徽商是经济基础,造就了辉煌的徽文化,而徽文化又滋养了徽商。

张大伯的经营显然是继承了徽商的传统,只不过他仍然像候鸟一样,南来北往地讨生活。难怪他刚才谈起重阳寨的由来时,显出文化的根底。

谈话中,我知道他还有一个小儿子在南京读书。一家人的生活衣着、供应孩子上学,靠的就是这筷子。

正说得高兴时,老人深深地叹了口气,说:

"这样的营生恐怕做不长了,重阳牌楠木筷要绝了。"

我很不解。

"这些年,山上的树都砍光了。往年石楠木用不完,当柴烧。别看筷子是小料,真正的楠木筷用一生都不变形,选料很有讲究。现在要找一棵像样的好料,时常得爬几座山。林子砍完了,野物也少了。过去靠打猎还能谋生,现在大儿子也得学着杀猪、种地才能糊住他一家三口,还得抽一点儿供他小弟上学。"

屋子里顿时陷入无边的沉默。

老人思虑着生活,想着山野资源的破坏、枯竭。

徽州民居特别注意选址,建屋的两三年之前即以"卜居"作准备——在预选的几处,同时栽种银杏树;两三年之后,选定长势最好的银杏处作为屋基,取其繁荣的地气。村落更讲究"风水"——大的景观与小环境。总有一条碧溪流过每家的房前,有的更引入了天井中(洗濯可以足不出户),犹如汩汩流动的血脉。其实,"风水"即是人与自然。

半塘绿荷簇拥着一座拱桥。

我想着被大自然养育的人类，岂能向它无情地攫取？母亲不能永葆青春，乳汁总有干涸的一天。危机已经出现，谁来警醒人类？

沉默了很长时间，我才说到考察队的任务——科学家们正在为保护大自然进行着艰苦的研究，有识之士正为保护生态平衡大声疾呼。

我尽量说得浅显，可张大伯却问了很多较专业的问题。显然，他非常明白我在说什么。

"已经迟了，但还不晚。天、地、日、月、山川、河流都有性情，人要摸准它们的脾性，才能相处得好。就像我们，俗话说'靠山吃山'，不把山保护好了，山穷了，水恶了，吃什么？喝什么？"

已到夜里10点了，小张还没回来，我很为他担心。

张大伯说，这点儿夜路不算什么，他眼力好，十几岁时跟着师傅打猎，师傅就叫他吃野物的眼珠，不知吃了多少。不说在黑夜能找到一根针，一个小虫子是打不了他马虎眼的。

"这次你俩一道出去，可考考他。"

国家一类保护植物鹅掌楸,其叶形如清朝人的上衣马褂,又称马褂木。

它的古老,可上溯到当亚洲和北美洲还是一块大陆的时候。经过千万年地质的变迁,北美洲漂走了,两大洲中间涌现了茫茫无边的太平洋。

在黄山芙蓉岭林业站,我还看到由北美鹅掌楸和黄山鹅掌楸杂交后的新树,其叶更加阔大。据站里的工程师说,它的生长速度快。

小张不像猎人

它在林子里讨生活,就得走动,走动就要留下痕迹。动物也是以食为天。

关于猎人小张,考察队的老队员有很多说法:张大伯说的眼力是一则;"动物园的老虎、狮子都是牲口"的名言,也是他说的;除此之外他还有其他种种神奇本领。我觉得还是要和他一起生活,才能真正了解他,这也是我决心来找他的原因之一。

早晨,我被一阵鸟鸣声唤醒,窗外映着淡淡的霞光。我刚出房门,一位憨厚、圆脸、敦实的青年已迎面走来。

"对不起,不知道你要来,回来晚了。"

虽然同住在一个大门里,我却不知道他是什么时候回来

小鸟将巢建在庭院、屋后的树丛中,借助于人的灵气,构筑安全的屏障。

的。说实话,他给我的第一印象是个朴实的山民,不像猎人。

我说明了来意,他一声没吭,只是问了问他熟悉的程教授、李教授的情况,然后就说吃了早饭就上山。随着他的眼神,我看到张大妈正将热气腾腾的饭菜端到桌上。

小张却没有吃早饭,说是给猪剖膛时,吃了一大块热乎乎的猪油,后来又吃了两大碗猪杂,现在一点儿不饿。

看我满脸的惊愕,张大伯说,他的师傅行猎时,不管在山野要呆多少天,从来不带干粮。打着野物,先削一块活肉烤一烤,就是一顿美餐,耐饥、壮体。我只有更为惊奇的份儿了。

说到猎人,我也认识几位。但这位小张,显然是我尚没接触过的。

我们出门时,太阳才刚刚升起。无垠的山峦在初阳和晨雾中,如大海中群岛罗列,重阳寨笼罩在彩霞迷离中。

看他背了支土铳子,腰上别了把柴刀,这是山民们上山必带的装备。

我说:

"要活的麂子。"

穿越这样狭狭的长长的石缝,你的种种思绪都会翻涌,有种穿越时光隧道的感觉。我就听说一位山民和黑熊在此狭"缝"相逢,退不得,进不得。相持数分钟后,还是像大黑粗的黑熊往旁边让了让,那位山民还是不敢走,因为只要黑熊愿意,伸出厚掌一记就能将他打趴下。黑熊又往崖壁靠了靠(其实已无隙可靠,只是紧紧身子)。山民明白了它的好意,胆战心惊地挨着黑熊的身子捱了过去……

我们的脚步、说话声惊醒了它。它从栖身的洞中伸出头来：干吗要打扰我？

豪猪，又称箭猪，它在和仇敌作战时，先是将刺箭摇得哗哗响，炫耀、威慑，再不识相，它就骤然而退，刺你个猝不及防。

他说：

"不像前几年，现在要吊只麂子，又是乌金麂，哪有那样容易的事？今天只是去踩山。"

这又是当头一盆冷水。起这么大早，还不知要走多长的路，却只是去摸摸情况。

走了一段路，小张的步伐轻捷得令我吃惊。就连我这个一米八一的大汉，都得时时紧撵几步，才能跟上。真没想到这样一位壮实的汉子，能如此轻盈地迈步。

翻过两座小岭，小张才向山坡上的林子边走去。

这是一片常绿阔叶林，多是青枫栎、檫树和壳斗科的乔木，间夹着一些松树、亮叶桦。树叶已经变色，漆树的叶子已红得如火。

到了林子，小张只是看了几眼，就沿着林子的边缘走。我试探性地轻声问了一句：

"不进林子？"

"太费事了，也没那么多的工夫。算你来的是时候，这季节乌金麂子开始有路了，但又不是吊麂的季节。冬天，特别是第一场雪后，才是最好的时光。"

他看我那云里雾里状，浅浅地笑了一下，说：

"这是行话。用你们的话说，是活动有规律了。它在林子里讨生活，就得走动，走动就要留下痕迹。动物也是以食为天，它吃树叶、草、野果。树呀、草呀也就留下它的踪迹。要不到哪儿去找野物？几年前，麂子多，一个冬季要吊三四十只。"

他不再说话了，只是漫不经心地走走看看。

考察队有条纪律，在野外进入目的地时，不允许大声说话，以免惊动野兽。其实这是从猎人那里学来的，他们行猎时，有句行话："哑巴是个宝。"刚才已说得够多的了，现

水松，因其枝叶含水量大，常被大片种植，作为森林中的防火隔离带。

在只好抱个闷葫芦跟着他跑。

这片林子一直延伸到山顶。到了以针叶为主的地段,小张说:

"它不喜欢松树林,看来这里货不多。这些年麂子的日子也很难过。大家都在砍树卖钱。就像人没有了家,没有了地,怎么生活?正是这样,我才愿意跟你们跑。"

看来,他是从林缘地带麂子采食的情况作出了判断——食草动物每天要采食大量的树叶、各种草本植物、树果。

我们又转了两片山岭,虽然看到了野猪、獾子、豪猪的足迹,但依然没有发现麂子的踪影。时间已是下午3点多了。

小张说,回吧。乌金麂喜欢在早晨和黄昏活动,起早才能看到它们留下的新鲜足迹。

一连三天,我们几乎把这周围的山岭全跑完了,仍然没有黑麂的踪影。我甚至起了疑心,要么是他吹牛,要么是在骗补助费。那时我们请猎人,每天付八角钱的误工补贴。这样有名的猎人,在黑麂产地,怎么可能一连三天连根毛也未见到?

"女贼"很漂亮

那白脸纹的精灵，顿时一扭脖子，快速地跑起来，鼓满的腹部悠悠晃晃……

吃晚饭时，张大妈像是自言自语地说：

"那块山芋再不收，野猪不吃完，下起连阴雨，也全都烂在地里了。"

张大伯和小张毫无反应。山区口粮很紧，误了一季庄稼就得忍饥挨饿。

我赶紧说：

"明天我帮你们去收。"

晚饭后，听院子里有响动，我连忙过去。见小张正挑起一担箩筐，我也随即拿起一把锄。他说：

"这几天爬山挺累的,你歇着吧。"我当然不肯。他说,那就把枪带上。

山里人种庄稼太艰难了,翻了个岭,才见到山芋地躺在小山谷的坡地上。

还距五六十步,小张向我一摆手,我赶忙停住脚步;可眼都瞅疼了,眼前仍是依稀的山芋藤叶。

小张的手指向靠灌木丛那边。我还是什么也没看到,只是似乎有窸窣声。

只眨眼工夫,小张已将箩筐放下,毫无声息地蹿出,一阵风似的直扑那边。真像武侠小说中施展轻功的大侠。

我已被他的举动惊愕得呆立。

幸好,他在距山芋地只20来米的一块岩石后趴下了。

等到我也赶到,他再次用手示意,这次我看到了:那是一头小兽,正在地里山芋藤叶中掏土,脸上的白色条纹在月光下特别显眼。

"猪獾。"

我还真是第一次见到它,听说它有股怪味,但那脸却是如此漂亮。

"女贼"很漂亮,可猪獾身上散发出的又腥又臭的气味,足以使敌人退避三舍。

看我已将猎枪掂到手上,他说:

"轰走吧!是只母的。"

我知道猎人不轻易打母兽,但这样远的距离,又还是在月色下,能分得清是公是母?

他大概已看出了我满腹狐疑,说:

"轰起来就晓得了。"

我陡然立起身子,猛跑了几步。那白脸纹的精灵,顿时一扭脖子,快速地跑起,鼓起的腹部悠悠晃晃。是的,的确是一只快做妈妈的猪獾。

"其实,看多了,不一定要看是不是带肚子的,公兽母兽一眼就能分得清。它们的体形、走路姿态、举止都不一样。公豹子身子长,公猴子脸不红。都说兔子难认,有句成语'扑朔迷离'与它有关。看多了,就知道常常掀起它的短尾巴的是母的。"

说着话,我们已走到山芋地。靠灌木丛的这边,已有两三垄山芋遭了殃。在一片藤叶、山芋狼藉的垄边,小张捡起了没吃完的山芋碎块瞅了瞅,眼睛一亮……

发现情况

这山里夜头不好玩。豹子、老熊、豺狼都有。

"野猪干的,是只公猪!你看,它用獠牙又掘又拱。这家伙糟蹋起庄稼,特别邪乎,糟蹋的比吃的多。"

从露出的山芋看,个大、匀称,看了让人心疼。

"要是再带上妻儿老小,你这块地禁不住它们两晚上的折腾。"

"你想凑热闹?"他看穿了我的心思,顿了顿,又说,"这是只独来独往的老公猪。起山芋要紧。"

说着,他就走向另一边,拿起我带的锄头就挖垄子。

说实话,这几天为黑麂的事,心里堵得慌。我总共只有

红头甲虫只顾忙着自己的生活。

一个星期的时间,还得赶回去发稿,那是我的饭碗,更何况当时还是在提心吊胆过日子的"文化大革命"中。刚才的经历,已让我从心里开始承认他是猎人。这样的好戏还能放过?

"你真想放过那头野猪?"

"单身老公猪,狡猾、蛮横、凶狠。一枪放不倒它,它会循着枪道,找你拼命,能一下撞倒碗口粗的树。就是桶口粗的树,又啃,又戳,也能搞断。"

"连你这样有名的猎人也怕它?"

尽管只在月光下,我也明显地看到他狡黠的面容,随后他又宽容地说:

"你用激将法也没用。要打,也是下半夜的事。它昨晚吃得饱。"

他挖,我捡,不一会儿,山芋就成堆了。

但我的脑子没闲着,总在想着有关野猪的种种,特别是路上那段猪蛇大战的情景,以及它留下的谜团。

直到他说装箩吧,我才直起腰。发现他并不是一垄挖到头,而是只挖了一小片。

刚好装满两箩,这家伙做农活也这样精。他却从箩里捡了几个山芋,掰断,随手丢在刚挖过的地里,又将山芋藤顺顺。我只是看着他,一脸迷惑。他笑着说:

"那家伙就是跑到这边,也让它少疑心。"

这是在和野猪打心理战了。看样子他已决心要对付野猪啦,我心里一阵喜悦:有好戏看了。

他挑起箩，说：

"回吧！"

我却呆在原地。

"放过那家伙？"

"先把山芋和你送回去。"

"你想甩掉我？没门！我根本就没想分猪肉，你怎么小气到这样？"

猎人的行规，是狩猎时见到的就有一份。那时的肉食是凭票的，每人每月只有两斤。

轮到他笑了，说：

"你在这地方，容易出危险。"

说着，他挑起山芋就走。

走了一段路，看我还没挪窝，他回过头说：

"你还愣着干啥？这山里夜头不好玩，豹子、老熊、豺狼都有。"但脚步却没停。

我真气坏了。好，你走吧，我就不信对付不了那头野猪。

没一会儿，他的身影就消失在溶溶的月色中，只是隐约还能听到扁担的吱吱声。

古老植物银杏的果实,又名白果。银杏树春天萌叶时,嫩黄、渐绿,夏天苍翠一片,秋天金黄灿烂。叶形尤美,是著名的观赏植物。

狼嚎惊心

一声狼嚎，陡然响起，令人毛骨悚然的悠长回音在山谷里盘绕着。

牛脾气一上来，我就专心做起准备工作。

首先是选择隐藏地。

山芋地左旁是个小山谷，有条小溪清亮叮咚地流着，过了小溪是灌木丛。杂食性的野猪喜欢灌木丛，不仅能较好地隐蔽，还能得到较多的食物。

找来找去，还是小张不久前潜伏的那块大岩最好。我藏到那里后，挑出了仅有的两颗装有大号铁砂的霰弹。

考察队的猎枪主要用来采集标本，而不是狩猎。那时用的双筒猎枪的霰弹是考察队自己装填的。根据考察任

务，装填不同型号的铁砂和药量，若是采集鸟类和小兽，就装小号的。这次配了两颗采集大型野兽的霰弹，算是对我单身行动防身的照顾。

将子弹装好后，我就伏在岩石后面，紧紧盯着昨晚野猪来吃过的山芋地，估计着野猪可能出现的方向。

狩猎，首先是守。事情做完后，耐心守候时，秋天山野的一切都展现在眼前。朦胧月色中，秋虫的争鸣、水的潺潺、草的拂动，充满诗情画意的夜晚让我无比愉悦。

我还特意看了会儿远方夜空中矗立的天都峰、莲花峰。它们是那样巍峨，繁星如桂冠般悬挂在它们的上空。

灌木丛中，不时有兽类的走动声、小鸟睡梦中的啁啾，这真是难得的享受。

猛然，一声狼嚎，陡然响起，令人毛骨悚然的悠长回音在山谷里盘绕，吓得我全身汗毛一紧。接着又是两声狼嚎。

开始的狼嚎，是从左侧响起的，这两声却是从正前方传来的。不知是狼群的应答，还是在继续召唤？狼嚎是狼群互相之间的召唤。

满腹的诗情画意一扫而光，随之涌来的是忐忑不安。

尽管这几年野外考察的生活,已使我知道黄山地区没有成群的狼,但零散的个体肯定是有的。再说豺也称为红狼,虽然猎人说它从不主动攻击人,但它是营群性动物,一来就是七八只。

突然,就在身旁不远处,有了草的瑟瑟声,似是一个小动物在那里活动。是蛇?好像是直到这时我才想起这里也盛产剧毒蛇五步龙、眼镜蛇、金环蛇。

其实在山野,我最怕的是毒蛇、蚂蟥、野蜂。这些小家伙让你防不胜防,且常常是悄无声息地来到你的身边。你还不知什么地方得罪了它,它就会给你来一口,够你受的。

无法去查清究竟是不是蛇。我只是提心吊胆地注视着,心想:别没打到野猪,倒先挨了毒蛇一口。

这时,灌木丛中也有了响动,是野猪来了?若是一枪放不倒它,它冲上来了,我该怎么办?

又是一声惊心动魄的狼嚎。

我不自觉地打了个冷战,心旌神摇,恐怖在蔓延,无边地笼罩了心野。那些平时听来的山野中种种可怕的故事,也都在脑子里翻涌。我心里发虚,对附近的一点儿动静都特别敏感。

"回去吧！何必做这样无谓的冒险！这是打野猪，不是采黑麂标本！它与我这次的任务无关。"

"你胆怯、害怕了？胆小鬼！"另一种声音又在身边响起，是小张那狡黠的笑？

心在震颤，头上冒虚汗，腿发抖……当我意识到这是恐惧时，立即告诉自己要冷静。

在危险时刻，冷静是救命的法宝，它最少救过我四条命。

我掏出了香烟，可几次都擦不着火柴，手抖得太厉害了。

我猛地在头上击了一掌，疼痛是副良药。

点着了烟，猛吸了两口，我的脑子渐渐清醒，心渐渐平静了下来。

有什么可怕的？一米八一的大汉还能对付不了蛇？对付不了一头野猪？我和狼打过交道，相信徒手一对一，它不一定能赢。

没有惊险，哪来欢乐，哪来发现？我既然选择了探险的道路，无险，我哪会来？哪能只会去追求平庸与平凡？

豪情顿时洋溢，我为自己刚才的胆怯而羞愧，在心里说了句自嘲的话：

"探险家怕险！"

其实，恐怖是自己制造的。走夜路或危险来临时，最可怕的是自己吓唬自己！

但对付毒蛇，却是要采取措施的。我将小型铁砂的子弹换上了一颗，以备不测。这种子弹的弹着面有筛子大。待野猪出现时，再换下来。

试了试风向，我还是处在野猪可能出现的下方，也明白了小张刚才为什么只挖那

石门，笔立。那里面隐藏着奇妙的世界。

几垄山芋。

经历了刚才的惊恐，我现在特别轻松和清醒，悠闲地欣赏着月夜中生物世界的喧闹。

你看，那两只小地鼠在地里忙得不亦乐乎，一个劲儿地扒土掏山芋。几只纺织娘，可能是正在作今年的最后演唱，那样投入，那样尽兴。

都说秋虫最毒，现在，我可领教够了。它们从四面八方向你攻击，只要靠近，总是狠狠地咬上一口。疼还事小，只是痒得难耐。

也难怪，它们的一个生命周期即将结束。不在此时大量吸取营养，如何能挨过冰天雪地的漫长冬季！

我用手帕扎起脖子，想尽办法采取各种保护措施，可还是被叮起大包小包。

月夜狩猎

一只小虫钻进我的鼻孔,我怎么也控制不住打喷嚏的冲动,就在这时,惊天动地的一声响了……

有脚步声。

是的,确实有脚步声。

谁在深夜到这地方来?

月光中来人的身影已显出,让我真是又惊又喜啊!

来的是小张!

"够格!有胆量!"

"你不是回去了吗?"

"我也没说不再来呀!跟有胆量的人在一起打野猪,总让人放心一些吧!"

"你这个鬼家伙!是有意考验我?"我在他身上狠狠地擂了一拳。

他憨憨地笑着。

从此，我们成了好朋友。以后的几天，他的话也多了，还常常像个孩子似的搞些小的恶作剧，让我吃点儿小苦头。

月亮已过中天了，长时间的潜伏，你才能体会到狩猎中"狩"字的含义。

正当我焦躁得不是甩甩胳膊就是踢踢腿时，小张碰了碰我的胳膊，轻声地说：

"来了！"

我随着他手指的方向，在灌木丛中什么也没看到。

小张说：

"我有夜视眼，那么多动物的眼珠子是白吃的？"

我只有无奈地耸肩的份儿。

直到小溪边猛然出现野猪时，我才精神一振。准确地说，是它那两根如短剑的獠牙在月光下闪了闪，才使我发现了它。

没想到这个庞然大物在丛林中却是如此悄无声息地行动，根本不像我不久前白天碰到时那样张狂。

小张再次叮嘱，要我千万别开枪。他刚才来时，已和我约法三章，说是我那双筒猎枪根本打不了野猪，只有他的土

人们只知黄连苦，其实"苦"能清热解毒。黄山黄连也就成了名贵的中药材，山民们常用它泡茶。黄山石耳性凉、滋阴，享有山珍盛誉，它生长在悬崖峭壁的裸石上。据一位朋友说，石耳和黄连常常遥遥相望而生，在石耳栖身的对面，一定有黄连的身影。

铳子才行。

填火药和装子弹时,他特意将那仅有的一颗弹头给我看了。那是一截有食指那般粗的钢筋,比霰弹最大的铁砂至少要大一倍,因而他绝不准我放枪。

我们争论了半天,他作了妥协,说是万一他一枪没放倒它,我才可以射击,以赢得时间,他好装第二枪。

土枪又叫"独铳",射击时,每次都要重新填火药、装铁砂。

再是无论出现什么情况,都不准我离开这块可以藏身的大岩石。

最后一条,是得一切听他的,不准我乱说乱动。

那头野猪真大,背上的鬣毛在月色下直直地戳着,丑陋的嘴脸上武装了獠牙,尤显得穷凶极恶,和我在路上见到的那头野猪根本不一样。我想:那些画魔鬼图像的人,肯定是受到过野猪形象的启发。

它似乎并不急于用餐,而是在小溪边喝了两口水,左右环顾一下,才大步涉水。上到这边岸上,它又磨磨蹭蹭,才到了山芋地边。

它又停下了,像是做了两次深呼吸,又慢慢地四处张望。

小张还不放枪。

我急了,用肘拐碰了碰他,可他像是睡着似的,根本不理睬。

这家伙真刁,它不去昨晚吃过的那边,却转到了另一边去了。它坐了下来,眼却扫着身后、左右,似是对面前丰盛的大餐毫无兴趣。

幸好,我们选择的潜伏地视野开阔,只是那边距原来设想地远了10多米。在这样的夜晚,确是给瞄准它的要害部位带来了困难。

我看了看小张。他明白我的心事,脸往这边一偏,说药量装得足。这时,我才发现他额上闪着晶亮的汗珠,原来他也紧张啊!

似是过了漫长的时间,野猪突然站起,直扑山芋垄。先是用獠牙掘开泥土,接着就听到它大咬大嚼的声音。嘴的吧嗒声,就像打快板。这家伙,吃相太难看!看它狼吞虎咽吃山芋的样子,连我都揪心,可是小张仍是纹丝不动。

我不知道他葫芦里卖的什么药,只是擦了擦手心沁出的汗水。

野猪开始加快又掘又拱的速度，贪婪地寻找着山芋。

凭我有限的经验，知道这时无法射击，因为它只顾摇头摆尾大吃。打野猪，一枪击中它的脑壳才是最好的办法。

我心里直埋怨小张在野猪坐在那里时，为何不开枪。相对稳定的目标，总比不断活动的目标要容易打得多。

正在野猪吃性大发、不时从喉管里发出愉悦的哼唧时，小张用石块敲了一下岩石，那声音在夜里特别响。埋头大吃的野猪闪电般地抬起了头，凝神盯着我们潜伏的大岩石，眼中闪着凶险的光。

然而就在这时，一只小虫钻进我的鼻孔。我怎么也控制不住打喷嚏的冲动，几乎就在这同时，惊天动地的一声响了。

那响声震得我往下一缩。

硝烟像云样，遮去了眼前的一切，但我还是看到野猪应声歪倒了。

我大喝一声，从岩石后蹿出。感到小张伸手来拉，可我却像兔子那样一蹦三尺高，急得他在身后大喊：

"别过去！"

积蓄了半夜的那股冲劲，就是我想刹车也刹不住。

刚到野猪跟前，却见它跃然而起，挺着两把短剑向我冲来。

突如其来的意外，惊得我连忙举枪就射。可是，枪却没响……

只感到一股大力，从侧面将我拉起，我立足不稳，吧嗒一声摔在了地上，直跌得我眼冒金星。

接着又是一记沉重的摔倒声。

浓重的血腥味，激得我一骨碌爬起，才看到野猪那两把短剑离我也只有毫厘，吓得我大张着嘴呆立。小张长嘘一声，瘫倒在地，说：

"你嫌我活得太自在，想吓死我？你什么时候不能打喷嚏，偏偏要挑那个时候？你这个大知识分子、臭老九！你不知道野猪临死还要'挣命拼'？"

这是盛花季节的女贞，花香清雅、温馨。种子、叶均为中药材。

野兽找药

蛇类相互间也会打架、残杀的。你说是有毒蛇狠呢,还是无毒蛇狠?

我只能让他尽情地发泄。他可救了我一命。

等到缓过劲来,查看枪眼时,我发觉那子弹确实不在野猪的脑门正中。

他说那是我打喷嚏造成的。我说他的枪法还不精熟。

自打那以后,我却落下了病根子:一到紧张、危险时刻,我就提醒自己别打喷嚏,可是越提醒就越遏制不住打喷嚏的欲望。

我奇怪枪为什么没响,连忙偷偷地检查。嗨,真是羞得满面涨红——保险没打开!

说心里话，这时我已明白小张的"伎俩"了。

先头野猪坐在那里时，是紧张地侦察情况。那时它的警觉性特别高，些微的响动，它都会作出反应。机警的野兽，在猎人开枪的瞬间，都能躲过劫难。

他是一直等到野猪十分投入地吃食，吃得无比兴奋、得意忘形时才制造机会射击。想想看吧，在残酷的生存竞争中，它没有特殊的聪明机智和满腹的山林世故，能活到现在？

小张用石块敲击石岩，弄出声响，正是出于对它性格脾气的了解。等它将最要害的头部抬起，凝神察看周围敌情的时候，它也无疑成了固定的目标！

我从心里开始敬佩猎人小张了！

我夸了他两句。

他却说打野猪不算什么，吊麂子才是他最拿手的，也是最喜爱的活儿。

我说：

"你别吹了，跑了三天，连根麂毛都没看到。"

他说：

"只是你没看到。"

观察与思考——前面有无陷阱?

我说：

"在什么地方？"

他说：

"那天在大脚岭，我站在一堆黑的稀粪边一会儿，又向前走了一段路，见到有几棵女贞树叶子快被吃完了，是吧？"

"不错，你喜欢看野兽拉屎嘛！"

他嘿嘿地笑了，说：

"那是黑麂留下的。"

"那你为啥不下吊？"

"它找冬青树叶吃，说明它肚子闹得不轻，正在找药治病。它这拉稀不是痢疾，是脾虚肾亏。冬青的树叶、种子正是补气、益肾的。野物懂医，要不早就死绝了。你不信？明年梅花鹿产仔时，我领你去看，那附近的益母草一定被吃得光光的。人是向动物学医的。动物有时比人灵得多。你们不是也说人是猴子变来的吗？你不想要一只成天拉稀的黑麂吧？考察队不臭你，我老爸也要笑得喷出饭！"

说到麂子拉肚，让我想起了路上看到的那只病恹恹的野猪猎食五步龙的事，于是就一枝一节说了起来。

他大为兴奋，说：

"这样千载难逢的奇事，居然让你碰上了，有福气！当然，没尿裤子算你胆大，有正气胆才大。我打猎多少年，也才碰到过一次，它正在吃蛇时让我碰上了，没你看得全。"

停了会儿，他问：

"那是一只公的还是母的？"

"看不出。"

"嗨！那一定是只病猪！"

"你凭什么说它有病？"（我在说的过程中有意省略了那只猪的瘦骨伶仃。）

"我的师傅说，别看野物有野性，其实也是一物降一物。山里有句话'蜈蚣见不得鸡'，鸡看到蜈蚣，非啄不可。蜈蚣虽然斗不过鸡，但只要家里有剩下的鸡肉、鸡油，蜈蚣是非来偷吃不可的。我们过去捉蜈蚣卖给药店，就是用鸡肉鸡油来引，一晚能抓十几只。

"野猪吃毒蛇，因为蛇肉大滋大补。公猪要吃它，怀孕的母猪要吃它。那只野猪既不是凶狠的公猪，又不是年轻力壮的母猪，肯定是只病猪、瘟猪。得了猪瘟，谁不怕被传染上？动物也像人一样。是只瘟猪吓跑了猪群。

"它来干什么？找药！野猪得瘟病，专找毒蛇吃！只有毒蛇才能治好它的病！"

"程教授跟我说过，蛇毒要进入血液才起作用，吃到肚子里没事。胃里有种东西就把它化解了，所以人才敢用嘴去吮吸被蛇咬的伤口。"

"我师傅不是这样说的,他说野猪不怕蛇毒,不在乎被咬着。你亲眼看到是它逗得五步龙把毒液用完了才下手,这就有道理了。但我还疑心,等会儿再说。

"我要跟你说件更稀罕的事,蛇类相互间也是打架、残杀的。你说是有毒蛇狠呢,还是无毒蛇狠?"

从他的设问看,很显然是无毒蛇凶狠,但感情上说不过去;因此,我还是说有毒蛇狠,因为它有致命的武器。

他说:

"我亲眼见过它们干仗,但是我不告诉你谁吃了谁。等你撞大运,有幸亲眼看到了再讲。"

他留给我一团谜,想要我求他。可我就是不求他。更何况这一番山野经,已听得我目瞪口呆。

他见我那副模样,接着又说:

"我还要告诉你一件奇事,那头吃了毒蛇的病猪的肚子就值钱了!"

"怎么说?"

"那是一帖治胃病的特效药!很多人都向我订过货,每个开价千八百都有人要。"

巨毒竹叶青蛇，常盘踞或挂在翠竹上，以保护色潜伏狩猎。在野外森林中，特别是竹类植物较为丰富时，我们得时时提防着，措施之一是戴上大草帽。

"有根据？"

"确实有人吃好了。"

"那你怎么知道它吃过毒蛇没有？"

"山民们都知道，翻开野猪肚子就清楚了：那上面有疤。吃一条蛇，留下一个疤；疤越多，越值钱！

"所以我疑心程教授的话，师傅说的话似乎也有道理。"

"你打野猪主要是为了这？"

"哪有那样的好事？少说，我也打过十几只野猪，只碰到过一次，猪肚子里有两个疤。"

"明天赶快看这头大公猪的肚子吧！你要发了！"

他说：

"看运气吧！"

粪粒中的情报

他那惟妙惟肖地学鸟兽叫的本领,经常给我们带来欢乐,也帮他立了大功。

说话间他已将野猪四蹄捆住,可掂了两次,都没能扛到肩上。这家伙总共有200多斤重。他只好说:

"你在这里等着,我去拿扁担。"

我说:

"你还要回家?前面林子里砍一棵树,我俩抬吧。"

他说:

"没事。你可看好了,野猪活过来,成了僵尸跑了,或是被豹子跑来抢了,我要找你赔的。"

他的话,变得风趣、有味了。

他留下的一句话,倒是提醒了我。我紧握着枪,紧张地注视着四周。野猪当然不

上个世纪70年代,黄山发现野人的传说风起云涌。之后,我参加了考察,终于揭开神秘面纱——原来是短尾猴。短尾猴体格健壮,尤其是猴王,更是矫健、凶猛。为了拍摄"猴相",我在潜伏地莫名其妙地遭到猴王的攻击,真是吓惨了……

这位猴王正蓄势发起攻击!

会成为僵尸鬼,但豹二爷、狼三爷来捡便宜是极可能的。

然而,没过一会儿,小张又出现了,变戏法似的拿了根扁担在手里。

我对他看了几眼却没吭声,心想:不管你要什么把戏、障眼法,总要露馅的。

他让我在前,但抬起来还是挺沉的。

没走里把路,他叫停下。他放下了野猪,抽出了扁担,走向旁边的灌木丛。

再现身时,挑起的竟是两箩山芋,气得我撑了上去,一下抓住扁担,大叫:

"你这家伙,搞什么鬼?你一直在监视我?"

他憨厚而又狡黠地嘿嘿笑了两声,说:

"我能放心把你一个人丢在山里?大知识分子出了事,谁负得起责任?别拉拉扯扯了,赶快把山芋藏起来。再一会儿,天就亮了。你还想不想黑麂?"

"那你……"真给气昏了。

手一松,他大步如飞,挑起山芋往右侧乱石中走去。

猛然,一声惊心动魄的狼嗥声响起。

愤怒使我跳起来追了上去,他挑着重担只顾左躲右闪。

我却毫不手软,猛一使劲,抓住了箩绳,一下扯得他踉踉跄跄,终于箩筐倒地。他也叭的一声跌倒。

这时,我才放开喉咙哈哈大笑,笑得泪水都溢出了。我说:

"没想到着了你的道儿!不过,你学狼叫,还叫得真像哩,尤其是后两声!"

"不敢当,不敢当。那后两声不是我学的。"

又轮到我傻眼了,他居然有这样的本领?

黄山短尾猴猴群

"你不怕牛皮吹炸了?"

"脚力再好,也不能一盏茶的工夫,跑到七八里外的北高岭去吧?后两声狼叫是从那里传来的。"

他那惟妙惟肖地学鸟兽叫的本领,经常给我们带来欢乐,也帮他立了大功。后来,在考察黄山短尾猴时,就是他学的猴叫,让我们在长时间的困惑中终于找到了猴群。这些都是后话。

我们把山芋藏到一个岩洞中,又将洞口堵死。

正要往回走时,他却上到乱石上东瞅西望。

我张口要发问,只见他在向我招手,说:

"快来!"

我上去了。石上有粪粒,黑乎乎的,像羊粪。

"黑麂留下的。"

"真的?"

"假不了。"

这一夜,真够得上天方夜谭了。我说去追吧!他说心急吃不得热汤圆,明早再来吧。说着,他捡起了几粒粪粒,用纸包好,揣到了怀里。

跟踪的学问

我师傅教我，先从懂鸟言兽语开始，认足迹、认粪可是大学快毕业的课程。要不，猎人到哪儿找到野兽?

我似乎只打了个盹，就听到后院有了动静。昨夜太劳累，真想再躺一会儿，但一想到和小张刚建立的友谊，还有诱人的黑麂，我还是一骨碌爬了起来。

出了寨子，应该向北，小张却一拐脚，往东边走去。

我问是不是去追昨晚发现的黑麂。他说麂子活动范围大，还要再去找麂屎，今天去找它走的路。

尽管我已承认他是个很不错的猎人，但对他如此自信，仍是有些狐疑。

我们只顾赶路。翻了两座小岭后，他才开始放慢脚步，观察起周围来。

深秋的高山，已有了一层白霜。万木都开始变色，小树、小草，为保存越冬的营养已开始枯黄、落叶。应时的野菊却开得无比灿烂，金黄的、淡紫的、纯白的，在秋

春天看到它白色的泛着淡黄的花，并不起眼；秋天时，它的果实却如此美艳。

叶凋零的野坡上，显得格外生机勃勃。

大自然的万物，总是各领春夏秋冬四季的风骚，有生有息。即使是四季常青的阔叶林，在春末夏初也要变色。

终于发现了黑褐色的粪粒，我连忙捡了起来。

小张说：

"你别费心了，那是毛冠鹿的。"

我很不服气，反驳他。

他说：

"毛冠鹿个子小，没黑麂大，粪粒也小。"

我说：

"比昨晚的不小，你又没拿尺量过。"

他从怀里掏出昨晚捡到的粪粒，往我手里一塞。用不着放一块比，它确实大。可我还是不服气地说：

"不能是黄麂的、梅花鹿的？"

"论个头，黄麂比毛冠鹿大，但还是没黑麂大。梅花鹿的粪更好认，雄鹿的像瓜子瓣，母鹿的像枣核。三个都是鹿科动物，可个头、秉性都不一样。常说一龙生九子，九子各不同嘛！"

我虽无话可说，但他那充满自信、还有点儿洋洋得意的神态，使我决定刺他一句：

"没想到你还是野兽大粪专家！"

他更是一本正经地说：

"你以为猎人是随随便便当的？我师傅教我，先从懂鸟言兽语开始；认足迹、认粪可是大学快毕业的课程。要不，猎人到哪儿找到野兽？漫山跑，见到兔子打兔子，见到老鸹就放枪，那是不入流的瞎耍！真正的猎人规矩多着哩，能写一大本书！我师傅就能根据客人点的货打，要虎不打豹子；要三叉茸，不打二角的鹿；要活的，牵来抬来的是活蹦乱跳的。"

小张的话，让我想起王教授曾对我说过的，一个优秀的猎人，就是一名猎获对象的生态专家。考察队要依靠他们的帮助，才能搞清所考察的动物的生态。

但越是优秀的猎人，又越是自然保护的潜在的最可怕敌人。再珍贵、再狡猾的动物，再强大的动物——大象、狮子，也不是他们的对手。我们搞自然保护，既要依靠他们，又要向他们宣传对野生珍贵动物的保护、对自然的保护知识。想

在黄山野外考察途中，常常见到怪模怪样的花。山民告诉我，一到秋天，就在这树下等着看猴子。它们最爱吃它的果实，树名就叫"猴欢喜"。

到这些,我心间涌出了一丝难以言明的滋味。

小张在林子边停下了,察看着草丛。那里满生着白芨、葛藤、悬钩子。叶子上的白霜的残迹,表明了有动物在清晨从此经过,扯吃了不少葛藤。

他说:

"黑麂留下路影子了,跟着往前找吧。这季节,它特别喜欢吃葛藤,含淀粉多。这片林子中栗树、橡树又多,你们叫壳斗科的树,这时种子落地了,是它的主粮。它喜爱食物丰富、隐蔽地又好的地方。"

看来,他已多方受到了考察队的影响。

我们循着黑麂的路影子跟踪,不多的路,就发现一棵栎树树干下有异样:距根部约40多厘米的位置,树干上的苔藓、寄生的小叶藤被来回擦去了一大块。两三步的地方,有些土被趵起了,小张用手一扒,露出几团黑褐色的粪粒。

"这才是黑麂的!"

其实,他不说,我已在心里认账了。

他又从怀里掏出昨晚捡的,反反复复地比较。我也看出,是同一只麂子拉的。

小张说:

"你到树干那边看看,有没有潮湿的痕迹或黏黏糊糊的东西?"

这不难,很快就找到了。苔藓被擦去,树干上留下的树皮像是一张纸。

"你凑上去闻闻?"

跟踪黑麂途中,不仅要在森林中跋涉,还要常常在这样的奇峰峡谷中寻觅。壮美的风景总是留住我们的脚步。欣赏美,能荡涤疲乏,将无限的生命活力注入心田。

秋天,是森林盛大的节日,弥漫着各种野果的香甜。秋天,也是黑麂的隆重节日。它们四处奔走,在树干上留下分泌物,散发着求偶——爱情的信息。

这家伙又在装神弄鬼的,我可不上当。我用上了中学做化学实验时老师教的嗅闻气味的办法。可闻了两次,都是树干上的一股青气;无奈,只好用手在那上面蘸了蘸,再闻,嗨,一股说不出的尿臊气。

他乐得像个孩子似的,拉起我就走,说:

"找麂路去!"

出了林子,不往对面的那片林子去,他却领着我径直向左侧陡峭的山上爬去。那神气,就像是往他家后院去取一件东西。我心里纳闷,但看他那兴冲冲、乐滋滋的劲头,也只好紧紧跟随。

山坡虽不太陡,但没有路,全是草丛和灌木。我们在乱石中踢踢打打,每一步路,都惊起成群的小虫、蚂蚱。

有只野雉,从我的脚边拍着大翅膀飞起,惊得我往后一仰,差点儿摔倒。小张只是向我眨眨眼,又向在低空炫耀着绚丽羽毛的野雉眨眨眼,好像是说:"今天没心思跟你计较。"

走了约两里路的光景,在一陡坡处,他放慢了脚步。

这个陡坡上全是嶙峋的乱石,只有稀疏的小灌木丛、杂草。他像位将军似的巡视一番,就向上方走去。

不久,他停下了,示意我向他靠拢,说:

"看出名堂没有?"

在乱石和灌木丛中,依稀有着被动物踩踏过的路影。这条路影从陡坡横向穿过,像是两片林子之间的小小通道。

我正要循着小道走,他却一把将我拉到边上,示意别踩到小径上。

走了几步,是的,有蹄印,是鹿科动物的蹄印。再走,还看到草被踩过的痕迹,有一块折断了的草叶,断面汁液新鲜。

我站在那里思索着这条兽径所包含的意思,心里豁然开朗。

是的,看来这是黑麂常走的一条小路。它只有窄窄的半尺多宽,两边不是石岩,就是密密的小树。小张说的"麂路",大约就是这种路。它在这条路上来去有规律,有了规律才有办法。否则,在这无垠的大山中,猎人凭什么找到黑麂,而又能让它自然上吊呢?

多年行猎的经验与智慧使他们寻找到这条小路!

如果我理解得不错,小张在那里瞅来瞅去,是在选择下吊的位置了。

等我走到他那边，一切都证明了我的领悟是正确的。他已从背篓里取出了吊弓。

他今天第一次带了吊弓，说明他从昨夜看到黑麂时就有了决定。好厉害的角色！

吊弓，其实只是一条棕绳，并不粗，但做工精细。我正在端详这神秘的武器时，眼角余光却发现他停下了，捡了几粒粪粒出神。

我连忙走了过去。

他像是对我说，又像是自言自语：

"正冒油哩！"

这云里雾里的一句话，让我摸不着头脑。

"你看，这粪粒上汪了一层油！昨夜捡的，我以为是纸洇的湿气。林子里昏暗，这下才看清了。"

说完，他立即站了起来。

"走，再回去看看！"

我问他，这"冒油"是什么意思？

他说：

"麂子平时的粪没光彩。身强力壮的人，大便正常。麂

粪冒油说明它的健康状况处于最佳时期，雄性高扬，是发情期，要找媳妇啦！"

逐鹿的猎人，就是根据雄鹿粪粒冒油的程度，判定茸长到了哪个等级、该不该放铳了。听说间谍就是从粪便中了解大人物的健康状况的。

我有些明白了，是的，他完全有理由再去察看。

回程的路上，我一溜小跑还跟不上他。

他已在我们发现有黑麂擦痕的栎树边等着了。

好半天，他似憨厚又似狡黠地笑着。我分不清那笑的真实内涵，总感到他那看似憨厚的笑容中，包含了怎么也掩盖不住的狡黠；可在他狡黠的笑容中，又总让人感到一种山民的憨厚。他的笑容经常是这种混合体，常常搞得我判断不了他的真实意图。

"今天你要大开眼界了！"

这没头没脑的一句话是什么意思？我想还是沉默为好。

它发来的信息——气味愈来愈浓了,使我的心跳加快。快走,千万别辜负了它的好意,耽误了约会!肯定不止我一个收到了邀请。

刻在树干上的爱情宣言

那擦在树干上的痕迹、尿渍、趵土、拉屎，都是宣告自己的存在，划定疆域，吸引异性，警告同性离远点儿。

我喜欢看到他带有失望的眼神。

他在林子里七弯八拐地走着。没多远，又见到一棵米槠的树干下部也有着明显的擦痕。蹄印也像前面看到的，很清楚地留在林下的地面上。在左侧也有黑麂的粪粒和趵起的土。

他拣了两粒，把它们与从怀里掏出的黑麂粪放在一起。

是的，也汪了油，但有差异。我兴奋得脱口而出：

"有两只？"

他却绷着脸，不说不笑，似乎是报复我不久前的沉默。

不用他发指示，我用手蘸了蘸树干上的湿渍闻了闻，嗨，尿臊气更浓！

看我嗅闻后的怪相,他才开口道:

"你知道它们为啥都这样?"

我想了想,不明就里,只好摇摇头。

"是在互相比试谁强大!留下尿臊,让对方知道自己是什么角色。"

"要比武?"

"你也撒泡尿吧!"

"你又捣什么鬼?"

他却一本正经地说:

"你撒不撒?还想不想吊到黑麂?"

猎人总有些怪癖和绝招,管他呢。正好我的小腹也有些难受,广阔天地,撒就撒吧!

等我正在轻松时,他却念念有词:

"嘿,又来了一只,你们三个去争吧!"

我方知上当,但也是覆水难收了。

我突然醒悟:这一定是黑麂发情时争偶的一种行为。在树干上擦下痕迹、尿渍、趵土、拉屎,都是宣告自己的存在,是划定势力范围,吸引异性,警告同性离远点儿。

翠谷中奇峰突起,峰上矗立天外飞来巨石——黄山著名奇石——飞来石。它的审美及其文化的蕴含,成了影视片《红楼梦》片头。

我也要在这里留下宣布男子汉尊严的信息,在树干上撒泡尿——是通知它,当然也是警告那些不识相的家伙:我可不是好惹的!

一想到他要我去闻那尿臊，又要我撒尿，这个促狭鬼！真是是可忍孰不可忍！

两个大男人像孩子一样闹起来了。在大自然中，人是最容易回到孩提时代的，童心大发，在宽阔无际的大自然怀抱中，你会纯真得像是吃奶的孩子。

等到闹够了，他才说：

"你想不想看黑麂争媳妇？想看，就还得巴结我。要不，别说看不到那样的好戏，明儿个我肯定还给你吊个丑八怪。"

我也反唇相讥：

"你还想不想要误工补贴？"

他说：

"我才不稀罕那一天几角钱呢！一只麂子多少钱，你会算账吧？这几天，少说误了我吊一只麂子吧？一头野猪多少钱？

"为钱，我不会去打野猪？跟你说吧，只要我下了吊弓，这只麂子不出两天就是我的。

"今天不下吊，一是看它强壮，马上就要配窝，让它留下血脉。还有嘛，你是来考察的，不是来打猎的。这两年跟着跑，我知道你们最想研究的是什么。陪着你在山上转，是因为你像王教授、程教授他们那样愿意吃苦，搞研究保护！

"我是个打猎的，最容易明白为啥要保护老虎、豹子。这山林也和人一样，要休养生息。没有砍不尽的林子，更没有打不完的野兽。林子没了，就没有了飞禽走兽，

山要崩塌，水要断源。人还有的吃？还有的喝？"

这一席话，说得我思绪翻涌。

考察队交给我的任务只是捕捉一头黑麂，但我知道黑麂是考察的重点项目，因为它是我国特有的珍稀动物。在数年后国家把它定为一级保护动物，已充分证明了它的价值。

但现在，他们腾不出人手，对我这个编外人员也不苛求，然而了解黑麂的生态的确是一件非常重要的工作。也是这次特殊的机遇，使我了解了这么多的黑麂生态情况。

在生态中，繁殖行为是重要的部分。黑麂的繁殖没有固定的周期。现在碰到这样的机会，还能放过？

可是，我这次只有几天的时间可以参加考察，连今天已用了五天，而且小张家的山芋还在地里。

他见我沉默不语，准是看出了我的忧虑，忙问：

"你有心事？"

我说没什么，反问了一句：

"你估计还要多长时间才能看到它们争偶？"

"这是它们的事，我管不着。你管得着？再跟一段路吧，兴许能看出一点儿蛛丝马迹。"

其实，我已下决心跟着看"热闹"，管它哩！大不了挨顿批评，最多也不过就是处分吧！

小张说：

"听到你的肚子咕咕叫了，我请客。"说着就吩咐我去捡些枯枝。

等我回来，他已挖好了地灶坑、排烟孔。因为这是森林防火季节，山民们都很自觉不烧明篝火。

火烧起来了，小张从背篓里变戏法似的拿出一块肉来，得意地说：

"烤块你从未吃过的野猪肉。"

昨夜的野猪还完整地躺在院子里呀。我突然想起，猎人有本事在尚没剥皮剖膛时，巧妙地取下猎物身上最好的一块肉，供自己行猎中充饥。这当然是源于对解剖学的深刻了解。说实话，那烤肉的香味，诱得我直咽口水。

那天准是个好日子！午后的林子里，微微拂起暖暖的风，流动着枫树、松脂、各色野花的香味；野蜂的嘤嘤声，总是像美妙温馨的音乐，诱得你想躺在落叶上美美地睡去。

树干上黑麂留下的擦痕，也愈来愈频繁地出现，两个家

是它发来了约会邀请？可信息怎么总是隐隐约约？既不能失去机会,可也不能白跑一趟呀!该死的风,你不能吹得温柔一些?

山溪采集满山碧绿,融成了一潭翡翠。我第一次从黄山北海去太平的路上见到它时,陶醉在满目的翡翠中,躺在大石上,耳边潺潺的流水和着鸟儿的歌唱,竟使我蒙蒙眬眬……醒来时已落霞满天……

伙的距离也愈来愈近。令人高兴的是，小张宣布已看到了雌黑麂的足印。

从树冠上射进林子的阳光，已大大偏斜。森林中已弥漫起橙黄的色彩。

小张行走的路线，开始迂回曲折。不一会儿，他说：

"我们就在这儿等吧。"

此处靠近林缘，有条小溪从高山上流下来，到这里漫开，形成了一个不算大的水泊，再向森林深处流去。两岸水草丰茂，构筑了一片宁静、优雅的小环境。

这只八哥,悄然来到溪边,独自享受着沐浴的快乐。

为爱决斗

谁知就在这时,"金毛"闪电般跃起,直冲对手的下巴,猛然抬头,用角狠狠地顶了一下。

小张和我潜伏在一棵大树边。

对面,严格地说是水泊的那边,刚好有片七八平方米的空地,像是特意搭起的舞台。

现在,和昨夜狩野猪的心情迥然不同,我十分悠闲,当然也带着渴望。我已看出小张选择这里的奥妙,基本上明白了他的心思。

黄昏时,鸟有次活动的高潮,山雀的叫声响遍了森林,林䳭鸟的嗓音尖细,噪鹛的歌喉嘹亮婉转……这是它们今天的最后一场音乐会。

不久，对岸传来了细微的响动，头顶上空却突然传来吱吱声。

我抬头一看，是两只松鼠在打闹。从那黑褐的毛色、花肚皮看是长吻松鼠。这小家伙也来凑热闹，真不是时候。但那蓬松的尾巴，还有在树枝中灵巧、敏捷地上蹿下跳的姿态，还是很吸引人的。

小张碰了碰我，我立即收回了视线。

对面的鸟鸣声突然停止了，几只鸟从演奏的舞台匆忙地飞起。灌木丛的树枝在晃动，一点儿不错，有位朋友在走动。

屏声息气都憋得难受了，它却还没露相。

小张示意我再耐心一些。

它终于从苔草中露出了头，一双有神有灵的大眼慢慢地转悠着，太漂亮了！它迎着光，那额上鲜棕色的长毛在黑褐的基色上格外鲜艳，如乡间幼孩留的桃形发，只是它是向上的，如一丛冠毛，隐隐看出似有两个额楞。

"留意，它眼下眶有条月牙形的白色斑纹，是只母的，公的没有白斑。等会儿你还能看到。公的没它毛黑，但母的不长短角，也不长獠牙。"

话音刚落,又一只麂子大摇大摆地走来了。

幸亏小张刚才的说明,我很快发现,这只的体毛就带有黄色,后臀肥硕,高高地耸起,那前身成了它漫下去的崤。鲜棕色的额毛边,挺出两支短短的角,不粗,如一节比拇指粗的树枝。它一舐唇时,两只獠牙也明显地露了出来;要不,真会以为它嘴里含着没吃完的食物。那片额毛浓密,闪着金属般的光泽,透出无限的生机。

是一个漂亮英俊的小伙子!它瞅着先到的黑麂。

可"月牙儿"不理不睬,只是站在那里。它到这里来,是来喝水的。食草动物胃火大,每天要饮大量的水。可不知为什么,它既不和来客打招呼,也不急于去喝水。

那位不速之客当然主要是为它而来,可一副绅士模样,只是用火辣辣的眼神瞅着它,却并不急于行动。

正当我们感到莫名所以时,只见有着浓密额毛的雄麂,突然头一低,撩起后蹄,狠命地趵起土来。

霎时,一阵泥雨稀里哗啦地扬起,响起一片枝叶的击打声。

奇了!它在耍哪样的把戏?

"好戏开演了。"小张兴奋地悄声说着,那双大眼也变

我住得太远,还是等风把它约会的地点说得详细一点儿。否则在这样大的林子里,到哪里去找?

它发现了什么？凝神搜索。是的，似乎是女友发来的约会邀请。空气中有着丝丝甜蜜、温柔。

小了。

果然，这泥雨余声未止，就在它旁边，扬起更为壮观的泥雨，在灌木丛的上空密密麻麻疾驰，再噼里啪啦地落下。

就在这噼里啪啦声中，另一只黑麂蹿出来了。它高昂着头上的短角，龇嘴露出锋利的獠牙，凶神恶煞般地怒视着"金毛"。它的左颊上有一块长条伤疤，从那伤疤看，它是一位久经情场的老将。

那奶油小生不甘示弱，再一次用后蹄趵起持续近一分钟的泥雨。

"长条疤"立即回应，趵起了更为强烈的泥雨，有块在空中飞行的石头，有鸡蛋那么大。

好家伙，平时异常温顺、胆怯的黑麂，这时却表现得如此勇武。

"月牙儿"蛮有兴致地注视着这一切。

有趣的是那两只雄麂，谁都没将泥雨往"月牙儿"身上撒去。

"长条疤"根本没把这位乳臭未干的"金毛"放在眼里，见它毫无退意，立即跃起向它冲去。

"金毛"只是稍稍向左侧一闪，"长条疤"扑了个空，就在差点儿要以头顶地时，却收紧颈部肌肉，一摆头，一摇尾，在低空做了个转向动作，化险为夷。在它扬起尾时，我惊奇地看到，它尾背的毛却是白色的，白得耀眼。

这却使它更为恼火，调转头来，又向对手冲去。

这时,"金毛"一缩肩,做了个跃起迎战的假动作之后,却又闪到一边。

两次扑空后,"长条疤"不让对手有丝毫的喘息,回头再攻;"金毛"仍然缩肩,作跃起状。

"长条疤"见它又要故伎重演,立即改变了方向。

谁知就在这时,"金毛"闪电般跃起,直冲对手的下巴,猛然抬头,用角狠狠地顶了一下。

"长条疤"几乎被顶得翻倒,但还是强扭着身躯,歪歪斜斜地站了起来。

但为时已晚。"金毛"比它快了半拍,低头用力向它头部侧面撞去,只听嘭的一声,"长条疤"应声倒地。

它们腾空跃起时那在空中的形体线条,洋溢着刚、积蓄着柔,迸发出了灿烂的光彩,那是生命的颂歌!

"一、二、三……"小张顽皮地笑着轻声数数。

"长条疤"没能站起。

"金毛"雄赳赳气昂昂地立在那里,警惕地注视着躺在地上的对手,好像有些惊愕——惊愕自己的力量。

突然,响起了两声低低的鸣声,似是小夜曲响起。

爱情是需要付出的——为争偶展开的决斗,是黑麂世界隆重的节日。只有胜出者才有资格完成生命的重任,保持种群的强大。从四面八方赶来的男子汉,责无旁贷地投入了决斗!

秋天是黑麂的隆重节日,他们四处奔走,寻找爱情。

是最先到达的雌麂"月牙儿"发出的。"金毛"偏过头来,看到了对方含情脉脉的眼神,刚要转身向它走去,地上的"长条疤"蹬了两下腿,挣扎着用后腿坐起。

"金毛"不敢大意,正要再给它一击时,谁知"长条疤"已一蹿站起,快步从原路跑走,消失在暮色中。

是的,我感觉到了,小张几次做了提枪的动作。作为一个猎人,目睹如此丰盛的猎物,如果没有猎取的欲望,那才是怪事呢!

人类是靠着狩猎和采集成长起来的,这种记忆在人类的脑海中难以磨灭。据说,现代的射箭、射击比赛,是文明的发展,以另一种方式来满足人类这种本能的冲动。

用不着任何怀疑,如果没有另一种理念的约束,他可以毫不费力地将这三只美丽的黑麂全部装到背篓中。

再说,如果我们只是采集标本,刚才也是唾手可得,也用不着以后那样烦神。

太阳已经落下一半,森林中溢满红霓,地气袅袅,光彩互映。

争偶决斗的失败者,快速地遁入森林的深处。

　　正当"金毛"转过头来时,"月牙儿"已迈着轻盈的步伐走出隐藏的丛林,低吟着向它靠拢,亲切地用嘴触了触它的头。

　　刚烈、英武的"金毛"被柔化了,随即给予热烈的回应,乌黑、湿润的长嘴在"月牙儿"身上抚摸着、嗅着。

　　"金毛"拱了一下"月牙儿",往前挪步;"月牙儿"高扬起蓬茸的长尾,展开,如孔雀开屏般炫耀着自己纯洁如雪

英勇、智慧,使你在决斗中夺魁。现在是你们享受两情依依的好时光。

的美丽,追随着"金毛"向彩霞浓烈处走去。

小张也立起身子。我原以为他要继续追踪这两只黑麂,谁知他却用下巴示意了一下天色说:

"你想看也看不到那一出了;也根本用不着操心,那是天下再自然不过的事了。"

这个家伙!

下吊弓

> 弓是人做的、人下的。不管是吊弓、地弓、锁脚弓……总是有限的;人的心思你算不出来。

我们又来到了那条"麂路",月亮已上东山。

小张说,事不宜迟,以他的估计,近两天,"金毛"肯定要领着"月牙儿"从这里经过。

其实他已决定为考察队捕捉一只优秀的黑麂,因为这只黑麂还要送到动物园。他并没用原来选好下吊的地方,而是重新挑选。

我知道他实地观察了"金毛",对"金毛"有了感性的了解。

小张问我:

"看过下吊弓吗?"

"当然没有。"

他选的地点,让我感到怪怪的,不是在"麂路"上,而是距路边有几十步路。

借着月光,他熟练地在地上挖了个小坑,在坑边放了两小片木板,这叫活挡。然后在活挡的边上,钉了两根小木桩。活挡就卡在木桩上。

这时,他取出了吊绳。这根吊绳是当地所产的棕绳,并不长,只不过两三尺左右,奇在有一头较细,尾梢又做有小圈。将绳的另一头穿过小圈,就形成了一个活套。

小张将绳的另一头拴到旁边的小树丫上,然后要我将树压弯,形成弓。

他先将一个比拳头大的绳活扣摆在活挡上,然后要我松开树,试试它的弹力。比试了几次,才将活套绳头的一根更细的绳子,固定在一个插入土中的小竹竿上。

等到做完这些,他又取出一根绳子,再拴到树丫拴绳处。这根绳子比较短,绳端拴了一段小竹枝,叫竹销。他小心翼翼地将竹销卡到活挡上。

他要我松手。

我当然是非常小心、轻轻地进行。

我们很难看到如此雄伟的罗汉松,它是珍贵的观赏植物。这棵长在黄山西侧的罗汉松,可以称王了:树高十五六米,树龄已800多年。已列入名树古木。

他直说,没事,没事。

等我完全松手,那树竟然弯成弓一样,我才长长地舒了口气。

小张又用浮土、草、树叶盖到活套上面,进行了一番伪装,然后才拍了拍沾在手上的泥土,站了起来。

看明白了,这完全用的是力学原理。别看那个竹竿细细的,可卡在那里,四两拨千斤,竟能承担几十斤的弹力!一点儿不错,只要黑麂的前蹄踩进了活套,触发了机关,小树一弹,就能将它的前脚吊起一只。黑麂有再大的力气,也难以使出了。

这种吊弓能捕到活的野兽。下完吊弓后,猎人可以在温暖的炉火边等候或是照样干别的事,到时候来收获就行了。

真是一个简单而又富有智慧的办法!如果不是亲眼看到这一切,怎么想象也难以想出这样精巧奇妙却又是如此简单的办法!

猎人的高超本领,表现在对猎物性格的了解。

"看清楚了吧?要是不信,可以自己用手试试。"他又眨起了眼,浮起一层笑意在嘴角。

我当然不会上当。

翠绿的叶片，烘托得四照花似雪。尤其是在晚霞迷离时，星星点点，犹如大山的银梦……

巨石正卡在石缝中。在这样的石缝中行走,真有些胆战心惊的——它悬在头顶,谁知道它什么时候落下?但也有人特别喜爱在其间穿行,寻求刺激、心跳。

"那你就呆在这里,我去下吊弓了。"

"这吊弓不是下好了吗?"

"这是摆弄给你看的。人多了留下的气味重,踩坏了草、挪了树,都会改了原样。黑麂精明着哩,疑心又重,哪会轻易上吊弓?我要是不先下个吊弓给你看清了,你的考察报告不好写,你的好奇心也不会让我去安安静静下吊弓。"

看我不明不白的,他又说:

"这当中的窍门,等吊上了麂子,我再一枝一节说详细,对你绝不保密。当年我跟师傅吊麂子,同在一处下,他下的吊弓发了,我下的吊弓就是不发。跟了三年,才摸到一点儿皮毛影子。满意了吧?"

这像在哄人,但又句句在理,我无法再胡搅蛮缠。

我只看到一个影子在前忙活,那影子不时融入乱石中。瞅得眼都疼了,我索性收回视线,看看近处的景色,这时那吊脚弓的影子却很碍眼。我孩子气上来了,捡来一根树棍,做起实验。

天黑,又有伪装物,几次都未能戳中活套。正当我失去兴致时,只感到树棍头一空,呼的一声,枝叶在脸上一扫,棍子脱手而去，闹得我一个大趔趄。待到站稳，那棍子已吊在绳索上。

心中一个念头油然而生——要让黑麂的前足正中活套，踩动机关，岂不是太难？猎人用什么本事，使它能踩中活套？或是算计好了，它肯定要踩中活套？吊弓的成功率有多少？按此推算，要争取较大的成功率，猎人必须多设吊弓。

小张回来了。我惊讶他这样快，问下了几张弓。他说就一张。见我非常奇怪，他挺得意地说：

"平时，对一只黑麂，我也要下四五张吊弓。今天，谁让它跟我见了面呢？再多下一张吊弓，还能看出我的本事？不是跟你说过，我最喜欢吊麂子吗？这得猜心思。"

虽然我心里在说，这牛吹得早了，但这两天的种种经历，又让我不能不佩服他对野兽的了解。

回程的路上，他说：

"吊麂子不算啥，吊人的弓才最难设。"

"怎么？还用吊弓吊人？你在说故事吧？"

"人也是动物。动物中狐狸是有名的贼。我下的弓吊上的麂子，就给狐狸、豹子偷过，让我白辛苦一场。

"最可气的，是有人专干这事。他也不用费心思、费力气去下吊，只是瞄好了猎人下的，过两天去收就行了。

"还有香菇客。头年就在山上放树养菇，跟野人一样住棚子。两年的辛苦，维持着一家老小的温饱。可等到出菇子了,野兽来抢,人也来偷。

"逼得香菇客下吊弓,用毛竹做弓,能一下把人吊到半空中,倒挂着,上不着天,下不着地。心善的,会让偷贼吃些苦头就出来将人放下;心狠的,偷贼就得在半空中受两天罪。气急了,心狠的,下锁脚弓,不管是人,还是野猪、豹子,一下就能锁断腿骨。

"弓是人做的、人下的、不管是吊弓、地弓、锁脚弓,总是有限的。人的心思你算不出来,要躲他的弓,要破他的弓,也不是件易事。"

他的这席话，不仅使我多了一层对山野的知识，也更激起了对猎人下弓的兴趣。

后来我才悟出，他的这段话，就像是做小说的铺垫。几年后，我就非常感谢他的这些狩猎的秘密——救了我的一条腿，要不然，在那次雨中探索蘑菇世界踩中了锁脚弓时，我绝不会想到是中了机关，也无法破了那弓。

第二天一早，我就催着小张去看吊弓。

小张说，帮我去收山芋吧，没这样快。我算了一下，最快也要到今晚或明早，它才会往那条路上走。

尽管我死磨软缠，他就是不去，说：

"多一次，多留一些气味，麂子更惊。"

这才说服了我。

我又催他处理野猪，他没拂我的面子。然而，太令人失望了，这只野猪的胃中根本没有疤痕，我们翻过来倒过去检查，也没发现像是疤痕的地方。这只在山野混迹这么多年的野猪，居然没有吃过毒蛇？令人失望的同时，更证实了我那天亲眼见闻的幸运。

第三天，天还没亮我就起来了。张大妈已在灶前灶后忙，她每天都起得很早，忙完了家务，就帮张大伯染筷子、包装，十分勤劳。

双重间谍

他的笑容里，藏满了得意、狡黠、神秘，一副大人不与小人论的架势，恼得我真想和他打一架。

太阳有一竿高时，我们到了"麂路"那边。小张不让我跟他去，理由仍然一样。

他选择的路线离"麂路"有三四十步。即使这样，他还是上蹿下跳，尽量找着石头踩，有时简直像个偷儿，东瞅西瞧，猫着腰。

我呢，就像被关在一场精彩的足球赛场外，又没有现场解说员。那种干着急又无奈的心情，折磨得我烦躁地走来走去。

一只老鸦突然叫了起来，拍着乌黑的翅膀从小张那边飞起。

这一声不打紧，不知从什么地方，顷刻飞起四五只乌鸦，它们急急地拍翅，全都赶到这边，又斜膀子作起了盘旋。

猎人最忌讳这些多嘴多舌、疑神疑鬼的家伙，可有时候又离不了它们——它们常常

山也有情——相看两不厌。

为野兽们通风报信；当然，猎人也利用它们得到需要的情报。

这可不是好兆头。果然，没多长时间，就见小张两手空空往回走。还没等我提问，他就笑眯眯地说：

"任你刁似鬼，也要喝我的洗脚水！"

我一惊，问道：

"上吊弓了？"

"它来过。是昨天傍晚从那里过的。精哩！绕过了圈套，还带着婆娘。"

"唉！你真会吹，我还以为你已经把它拴到裤腰带上了，还带着婆娘哩！"

他的笑容里，藏满了得意、狡黠、神秘，一副大人不与小人论的架势，恼得我真想和他打一架。

走了一段路，肚子里那股气还在翻腾，还在鼓包，嘴里也就叽叽咕咕：

"只下一张弓，还想吊两只，真有你的。你是黑麂王还是它爸、它爷？你想要什么它就来什么？吹牛不犯法。"

他猛一回头，在我肩上拍了响亮的一掌，说：

"打个赌好吧？"

乌桕树

"随你打什么赌。"

"明天傍晚来,要是你说的'金毛'不在吊弓上,我在三天之内一定给你一头活蹦乱跳的乌金麂,还头朝下走三圈。但要是都像我掐的、算的呢?"

"头朝上走三圈,喊你一声'师傅'!"

"不行!爬三圈!"

"三圈就三圈!"

他却装模作样,捻起下巴上才冒出的胡须,说:

"唔!收个大知识分子做徒弟,也不枉我这几天花费的心思!"

我顺手推了他一掌,差点儿让他来了个狗啃屎。在山野中,我们都忘记了年龄,像是两个顽童在斗嘴、打闹。

几经霜染,重阳木金碧辉煌,红叶如火,金叶灿烂,云霄中的小山寨映在诗画中。我已爱上了重阳岭,这两天,已将编辑的职责忘得一干二净,沉浸在享受孩子般的无边快乐中。

终于将小张拉上了路。他今天一反常态,磨磨蹭蹭,说是在作一点儿特殊的准备。

离"麂路"还有里把路的光景。小张不让再走了,指指

西去的太阳,说:

"还嫌早了一点儿,它还没上吊弓呢。"

我说:

"要是已经上了呢?"

他说:

"绝不会。当然,我们不能去晚了。上吊后它要挣,容易受伤,总不能让你牵个瘸腿黑麂吧。"

我说:

"那怎么办?"

他说:

"我们在这里看风景,有人会报信。"

在隐蔽地等待很急人,小张去采了些野栗子,很小,但吃起来却香极了。

我吃栗子。他已躲到远处,又不知去忙活什么了。

我一再追问,他就是不说。问急了,他才说,今天要请我吃一顿让我一生都忘不了的野餐。

一提美味,我更是迫不及待。我好吃,用现在文雅的话说,叫美食家。死乞白赖,他才说是竹筒饭。

这算什么稀罕?

他笑得眼都眯成缝说,饭里还有香菇、腊肉干。

这也不算什么。

他又说,那不是猪肉,是山鼠肉、狸子肉,还有他才知道的几种香料。

我一听就乐得差点儿在地上打滚。那山鼠,学名叫白腹巨鼠,一只有一两斤重,只听说肉味香嫩极了,可从来没有口福。至于狸肉,更有"天上龙肉,地上狸肉"之说。光是听听,就馋得我口水往下淌。

这家伙,有这样大的把握,开这样隆重的庆祝会?

在那时,我们对猎取野味的认识,也只处在初级阶段。千万别忘了,那时正是我国自然保护的起步阶段。野生动物保护法是在10来年后才颁布的。

不久,传来一声乌鸦的叫声。我心想:真晦气,它来瞎掺和什么?小张却急急忙忙走了回来。

只那么一两分钟,四五只乌鸦在远方天空叫着、盘旋。

我急得连连跺脚,它们正在麂路的上空,真是晦气!

突然,小张回过头来说:

"你准备爬吧!"

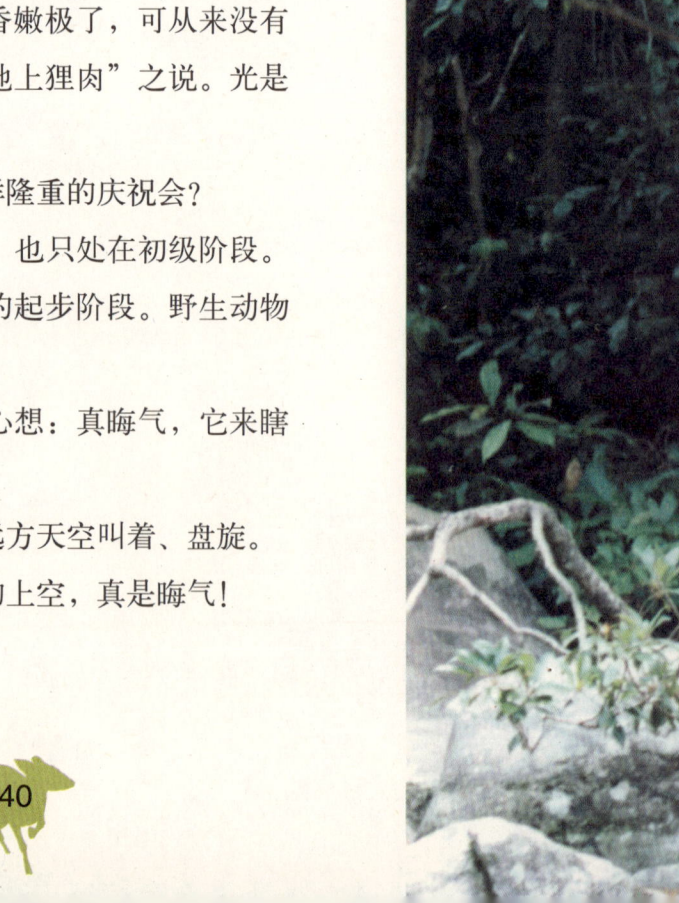

我最喜欢猜心思

这下是精明上套!要不我怎么特爱吊麂子哩!它让你费心思;费心思的事就有味了。

还没等我反应过来,他已像惊鹿一般箭出。虽然还在懵懂之中,我也起步飞跑起来。

难道是乌鸦报告了什么消息。

等到气喘吁吁地赶到,我乐得不知所措。哈哈,是黑麂!一点儿不错,是"金毛"!

你看那额头上的冠毛,金光灿烂;它的左前足被吊在空中;后两只脚跐着,蹄尖落地,像芭蕾脚。

这个鬼小张,眼里真出货!他把吊弓绳算得那样准确。

"金毛"在和"长条疤"作战时表现出的英勇、机智哪里去了?它现在瞪着两只惊恐的大眼,佩刀般的獠牙也失去了光泽,只能不断活动两只后蹄调整位置,保持平衡。

"哇!"

黑麂在勇猛的叫声中挣扎着。

小张要我赶快脱下上衣,盖到它的头上。

我真傻,怎么没想到这样会挣扎断腿,也会引起应急反应带给它的伤害呢?动物在危急时刻,常有应急反应,我理解那是一种心理反应——会使它休克或猝死。

可我刚把衣服蒙到它头上,它一甩,衣服就掉下了。等到我去捡时,它的右后蹄毫不客气地向我踢来。

我见过它趵起泥雨的那份蛮劲,虽然我不会像泥飞起,但是也绝不愿当作泥石给它趵一下。

又要盖,又要时时躲避它的前右蹄的敲打,我狼狈不堪地在地上爬着,和它推磨、兜圈。

鬼小张只顾忙着什么,根本不来帮忙,还不时用眼角瞟着这边。我正在心里骂他隔岸观火时,他却一把抓过我手中的衣服,伸出右手挽住"金毛"的脖子,往胸前一拢,左手就将衣服裹到它的头上,然后对我说:

人们叫我"勿忘我",我的花朵是灿烂的金色。爱是金色的,永远放射出光芒,世界有了爱才会和谐、繁荣、昌盛。勿忘我啊!让我的花在山野永远开放!

"行了,行了,已经爬了五圈了!"

我跳起来就给了他一拳,如此促狭的家伙真该打!

他笑着说:

"别闹,别闹!你还不赶快把它牵走!"

我这才手忙脚乱地去小树边解吊绳。

嘿,这绳结很特殊。经过黑麂长时间挣扎,更紧。急得我用牙咬也毫不松动。

这使我冷静下来,仔细研究这绳结。儿时,我也和小伙

144

伴玩过各种绳结的游戏，少说也有七八种吧，可从没见过这种结。

"你打算怎样牵？"

是呀，怎样才能把它牵回去？小时候我在乡下放过牛，可它不是一头牛，或一头羊。

就这样拉着它去？那可是活套，一松就开，它还不撒蹄子跑了。

拴到脖子上？它不走，还不勒死。

小张是在给我出题目！他知道我解不开他打的结。

看我站在那边苦思冥想的姿态，他说：

"还不赶快还愿？"

"不就要我喊你一声师傅吗？行，就是没打那个赌，我也愿认你做师傅。"我拍了拍满身的尘土，垂手低眉、心悦诚服地叫道：

"师傅，请你教教徒弟。"

他很郑重地说：

"你把我背篓中那个小瓶子拿来。"

真的，背篓里有个酒瓶。我揭开一闻，不是酒味，有股药味。

小张左手撩开了裹住黑麂头的衣服，然后用拇指和食指捏住它的嘴腮。黑麂将嘴张开时，那两颗獠牙触目惊心。

"倒，快把瓶子里的往它嘴里倒。倒完，倒完！"

没一会儿，"金毛"安静下来了。小张示意我去抱住它。

他麻利地松开了黑麂左前腿上的活套,像位魔术大师一般,只用手一拍,那死结就开了——原来如此!

这下我可紧张了,生怕"金毛"一挣,从我怀中跑去。

小张说:

"放下,放下!跑了我负责。"

终于可以松口气坐下来歇息一会儿。"金毛"像个醉汉沉睡在山坡上。

我想:小张一定是用自制的麻醉药让它安静地任我们摆弄。猎人多有奇特的本事,他们长年亲近山野,山野对他们也特别慷慨大方。

晚霞将西天烧得浓墨重彩,黄山如一幅色彩斑斓的油画,凝重、成熟,洋溢着热烈的芳香。

乘着今天尚存的余晖,我研究起小张的行为。奇怪,就在吊弓的对面,还下着一张吊弓。

"喂!这是什么?当面吹牛皮,背后做手脚!"

他说过只下一张吊弓。

他却神情自若地说:

"你用手去试试!"

又想让我上当吃亏?哪有那样的好事!

再一看,我也傻了。那只是一根拴在树上的绳,树却没弓起,轻轻一提,那绳

春天，漫山遍野的映山红（杜鹃的一种，灌木），将黄山渲染成花山、花海，与翠绿的茶园相互映照。

头就出来了。

"你细瞅瞅地上的蹄印。"

虽然印迹已经有些乱、有些模糊,但凭着他教给我的知识,还是能分辨出一些情况。

"你是设了个虚的,故意让'金毛'看到,躲开,却一下踩中了你设的真套!"

"悟性不低!谁叫它头次那样精?也怪我疏忽。你看,就是这根踩弯的小映山红没扶起,引起它的疑心。它硬是绕了过去。

"我是将计就计。真是'聪明反被聪明误',这下是精明上套!要不我怎么特爱吊麂子哩!它让你费心思;费心思的事就有味了。这像下棋,也是用谋略。不过,有一点你还没看出来。"

他看着我,我又低头细细瞅,不错,有两种蹄印。若不是有了这几天的经验,我绝对分辨不出来。

"那你怎么能指挥'金毛'上套?"

爱的呼唤

一声细细的叫声骤起,那声音并不响亮,却有满腹的悲伤、无边的哀怨,盘旋、回荡在山野,犹如惊雷震魂慑魄。

小张弯下腰,指了指那踏板,说:

"母麂轻,公麂重。我在踏板上做了手脚。只有公麂踩上才发!再者就是,这对新郎、新娘在蜜月时,会形影不离。

"鹿科动物有个特点,母的总是护着公的。在危险时,母的会出来用命保护公的,让公的逃跑。梅花鹿就是这样,当猎人追紧了,追急了,常有母鹿出来和长茸的公鹿一同走,一同玩,将足迹混淆,掩护公鹿逃跑。危急时,母鹿能毫不犹豫地冲出来,为公鹿挡枪子。

"这对麂子也是这样。你看清没有,母麂在前领路?看,这个蹄印就是母的,公的跟在它后面。我的套就是为它设计的,母的即使踩到活套,机关也不发。公的套着它脚印走,一踩就发。你不信?"

他向远处巡视一番,然后一把拉我过去,指着远处。我不知所以,也没看到什么,只不过是一片灌木丛嘛。

"在那黄菊右边。对,是有棵茶花。看到了吧?"

我还是什么也没看到,急得抓耳挠腮。

"耶……"

突然,一声细细的叫声骤起。那声音并不响亮,却有满腹的悲伤、无边的哀怨,盘旋、回荡在山野,犹如惊雷震魂慑魄。

我的手正抚在"金毛"的身上,千真万确,感到它像被电击似的猛然颤动了一下。

一只尖尖的耳朵从黄菊的花丛中显现出来了,头部的轮廓也依稀可见了,我终于发现了那如月牙般闪亮的白纹。

天哪!是"月牙儿"!

"它一直守在这边,我跑来时它才走的。它走得很不情

愿，三步一回头，伤心地叫着，叫得人心颤。"

"耶……耶……"

思绪翻涌，分不清其中的滋味，放掉"金毛"的冲动，搅得我不安。然而，考察队的任务，科学的神圣，让我努力克制。研究它，不正是为了保护它吗？世界上有很多事是让你难以说清道明的。

"金毛"，你就为科学、为你的种群作一点儿贡献吧！我保证将你放回，让你回到山野，回到你的家园！

可我怎么也遏制不住热血涌起的更大冲动——让你立即回到山野，回到爱人的身旁……

"耶……耶……"

天宇中回荡着爱的呼唤。

后记

　　爱在山野。情为何物，竟以生命相许？

　　爱是生命本质的需求、表现，更是创造。没有爱，就没有了太阳和月亮，也就没有了世界。

　　正是山野生命的光华拂去了视野的盲区，使我看到野性情爱的纷繁、热烈、无私、崇高，思绪也就徘徊于人与自然的爱的拷问中。

　　偶然的火花，激发了我20世纪70年代中期在考察队的生活积淀，突然明白正是爱在山野，使我在以后的岁月中常常去那片山野寻访黑麂。那片山野的森林少了，河流浅了、窄了，多了开垦的田地；云豹、毛冠鹿、黑熊、鬣羚都已隐匿到更为荒僻的深山；华南虎与梅花鹿已多年不见踪影。经过种种的失望与沮丧之后，2002年，我们终于在丛林中见到了这位朋友，那乌金般的毛衣、雪白的尾花、腾越时的矫健……那份欣喜与慰藉，是没有亲身经历者难以体会的。它还活着，它的种群还和我们一样生活在天地之间。

  目年前，那里已建立了自然保护区。自然保护区是人类的忏悔、是生态道德的警世，以保护我们的家园。

2008年3月3日

图书在版编目(CIP)数据

黑麂的爱情故事 / 刘先平著；李珍英摄 . — 北京：外语教学与研究出版社，2010.3
(我的山野朋友)
ISBN 978 - 7 - 5600 - 9475 - 5

Ⅰ. ①黑… Ⅱ. ①刘… ②李… Ⅲ. ①纪实文学—中国—当代 Ⅳ. ①I25

中国版本图书馆 CIP 数据核字 (2010) 第 049131 号

你有你"优"——点击你的外语学习方案
www.2u4u.com.cn
阅读、视听、测试、交流
购书享积分，积分换好书

出 版 人：	于春迟
策划编辑：	陈中美
责任编辑：	陈中美
执行编辑：	王甜甜
美术统筹：	许　岚
出版发行：	外语教学与研究出版社
社　　址：	北京市西三环北路 19 号 (100089)
网　　址：	http://www.fltrp.com
印　　刷：	北京华联印刷有限公司
开　　本：	889×1194　1/24
印　　张：	7
版　　次：	2010 年 5 月第 1 版　2010 年 5 月第 1 次印刷
书　　号：	ISBN 978 - 7 - 5600 - 9475 - 5
定　　价：	19.90 元

＊　　＊　　＊

购书咨询: (010)88819929　　电子邮箱: club@fltrp.com
如有印刷、装订质量问题，请与出版社联系
联系电话: (010)61207896　　电子邮箱: zhijian@fltrp.com
制售盗版必究　举报查实奖励
版权保护办公室举报电话: (010)88817519
物料号: 194750001